幼儿音乐欣赏与表现

主编 海 莺　李梅琳　贾渤南
参编 金 伶　李 艾　王 洋
　　 翁文华　任 环　陈 妍
　　 宋佳淼　何洪达

大连海事大学出版社
DALIAN MARITIME UNIVERSITY PRESS

北京理工大学出版社
BEIJING INSTITUTE OF TECHNOLOGY PRESS

© 沈阳市旅游学校　2024

图书在版编目（CIP）数据

幼儿音乐欣赏与表现 / 海莺，李梅琳，贾渤南主编.
大连：大连海事大学出版社；北京：北京理工大学出版社，2024.12.
ISBN 978-7-5632-4640-3

Ⅰ.G613.5

中国国家版本馆 CIP 数据核字第 2024YQ7880 号

YOU'ER YINYUE XINSHANG YU BIAOXIAN

北京理工大学出版社　　出版发行
大连海事大学出版社

地址：北京市丰台区四合庄路 6 号　　邮编：100070
　　　大连市黄浦路 523 号　　　　　　　　116026
电话：010-68914026　　　　　　　　　　0411-84729665

唐山富达印务有限公司印装

2024 年 12 月第 1 版	2024 年 12 月第 1 次印刷
幅面尺寸：210 mm × 285 mm	印张：10
字数：197 千	印数：1~2000 册

责任编辑：杨　洋	责任校对：刘若实
封面设计：魏　菲	版式设计：刘益军
策划编辑：张荣君	文稿编辑：芈　岚

ISBN 978-7-5632-4640-3　　定价：30.00 元

前言 PREFACE

在当今社会，教育的多样性和综合性越来越受到人们的重视，艺术教育在幼儿成长过程中的重要性也愈发得以显现。音乐作为一种独特的艺术形式，不仅能够陶冶情操、丰富幼儿的情感体验，更能在认知、社交等多个方面促进幼儿的全面发展。中等职业学校的幼儿保育专业，正是培养未来教育工作者的重要基地，而对幼儿音乐欣赏与表现相关课程的学习，对于提升学生的专业素养和实践能力具有重要意义。本书贯彻党的二十大精神，落实"立德树人"根本任务，以社会主义核心价值观为引导，旨在让学生掌握基本音乐知识、提高音乐修养，在帮助其具备音乐审美能力、实践能力、表现能力和创造能力的同时，增强学生的爱国主义情怀、民族自豪感和自信心，使学生能更好地适应未来学前教育的发展，成为能担当民族复兴大任的时代新人。

本书具有以下特色。

（1）理论与实践相结合。本书的内容不仅包括对音乐理论知识的介绍，还注重对实践能力的培养，通过演奏、歌唱、舞蹈等多种形式，帮助学生全面理解幼儿音乐欣赏与表现的内容和特点。

（2）适用性强。本书针对幼儿的心理和生理特点进行设计，选择易于为幼儿理解和接受的音乐作品，确保学生能够在未来的教学过程中对幼儿进行有效引导。

（3）多样化的音乐类型。本书的内容涵盖了民族音乐、经典音乐、现代音乐等多种类型，让学生能够接触到丰富多彩的音乐风格，拓宽其视野。

（4）强调互动与参与。本书强调师生之间的互动，以及学生之间的合作与交流，鼓励学生通过小组活动、角色扮演等方式提高参与度。

（5）文化传承与创新。在音乐欣赏中融入区域和民族文化，培养学生对传统音乐的尊重与理解，同时也鼓励他们进行创新，尝试在传统音乐中融入现代元素。

（6）情感教育。通过音乐欣赏课程，提升学生的情感认知和表达能力，帮助他们学会通过音乐传达情感，增强其与幼儿之间的情感联系。

通过对这些课程特色内容的学习，学生不仅能够掌握多元化的音乐欣赏教学方法，还能在未来的教学中不断优化教学方法和策略，更好地服务于幼儿的成长和发展。

本书旨在为中等职业学校幼儿音乐欣赏相关课程提供系统的指导和参考，通过对音乐作品的分析、欣赏技巧的培养以及表现形式的探索，帮助学生理解音乐的情感内涵和表现力，增强他们的音乐素养。同时，本书也结合幼儿教育的特点，提供了切实可行的教学策略和活动设计方案，鼓励学生在实际教学中运用所学知识，激发幼儿对音乐的兴趣和热爱。

希望本书能够为广大的幼儿教育工作者和相关专业的学生提供有价值的参考，助力他们在音乐教育道路上的探索与成长，让他们都能在音乐的世界里，找到属于自己的声音，并在未来的教育实践中，帮助更多的幼儿领略音乐的美好。

在此，衷心感谢所有为本书的编写付出努力的专家、老师和同学们，有你们的支持与贡献，本书才得以顺利完成。希望本书能成为读者们学习和教学的良师益友，把音乐的种子播进孩子们的心里。

编 者

2024 年 8 月

目　录 CONTENTS

单元一　走进幼儿音乐欣赏与表现　/1

第一节　认识音乐欣赏 …………………………………………………………… 1
第二节　认识幼儿音乐欣赏 ……………………………………………………… 7
第三节　幼儿心理发展与音乐感知 ……………………………………………… 11

单元二　幼儿音乐欣赏方法指导　/22

第一节　语言导入法 ……………………………………………………………… 22
第二节　视听结合法 ……………………………………………………………… 31
第三节　故事化教学法 …………………………………………………………… 38
第四节　动作反应法 ……………………………………………………………… 46

单元三　幼儿音乐表现技巧　/60

第一节　歌唱的基本技巧与练习 ………………………………………………… 61
第二节　舞蹈的基本动作与创编 ………………………………………………… 76
第三节　打击乐器演奏的技巧与指导 …………………………………………… 86
第四节　幼儿综合艺术教育活动 ………………………………………………… 97

单元四　幼儿音乐欣赏与表现活动设计　/ 105

第一节　音乐游戏的设计与组织……………………………………………………… 105
第二节　音乐剧的策划与实施………………………………………………………… 109
第三节　音乐欣赏活动的反思与改进………………………………………………… 115

单元五　幼儿音乐欣赏的评估与反馈　/ 119

第一节　幼儿音乐欣赏能力的评估方法……………………………………………… 119
第二节　幼儿音乐欣赏能力的评估标准……………………………………………… 122
第三节　幼儿音乐欣赏能力的提升建议……………………………………………… 125

单元六　家庭音乐教育资源　/ 133

第一节　家庭音乐环境的营造和利用………………………………………………… 133
第二节　家长在幼儿音乐欣赏与表现中发挥的作用………………………………… 138
第三节　家庭音乐活动的组织与指导………………………………………………… 142
第四节　家园共育在音乐欣赏与表现中的实践……………………………………… 146

参考文献　/ 152

单元一
走进幼儿音乐欣赏与表现

 学习目标

知识目标

明确幼儿音乐欣赏的意义,激发幼儿对音乐的兴趣,丰富幼儿的情感体验,培养和发展幼儿的审美能力。

技能目标

准确掌握幼儿音乐欣赏的特点,选择适合幼儿欣赏的音乐和相应的教学方法,能够在实践中通过欣赏不同的乐曲帮助幼儿进行自主思考,开发创造能力。

素养目标

通过幼儿音乐欣赏与表现的教学,丰富幼儿的音乐经验,培养幼儿对音乐的兴趣和爱好,提高幼儿的情感认知能力,激发幼儿的创造力。

第一节　认识音乐欣赏

音乐欣赏是指对音乐作品进行审美评价、欣赏和品位的活动。音乐欣赏的基本概念如下。

(1)音乐的听觉特征。其包括对音乐的音响特性、节奏、旋律、和声、节拍等方面进行

认知和理解。

（2）音乐的情感表达。音乐是一种情感的表达方式，可通过音乐表达情绪、感情等。欣赏者也可以通过音乐感受作曲家的情感和意图。

（3）音乐的风格和流派。不同的音乐风格和流派代表着不同的音乐特点和文化传统，欣赏者需要了解不同风格和流派的特点。

（4）音乐作品的结构和形式。音乐作品有各种结构和形式，如交响乐、协奏曲、奏鸣曲等，欣赏者需要了解这些结构和形式，从而更好地理解和欣赏音乐。

音乐欣赏是一种主观的审美活动，需要欣赏者具备一定的音乐理论知识和审美能力，同时也需要欣赏者有开放的心态和对音乐的深入思考。通过持续的音乐欣赏活动，可以提高欣赏者对音乐的理解和欣赏水平，从而更好地感受音乐的魅力。

一、音乐欣赏的主要内容

音乐欣赏是一种深入理解音乐的过程，可以帮助我们更加全面地欣赏音乐并且深刻地体会音乐的魅力。音乐欣赏主要包括以下内容。

1. 音乐风格

音乐风格包括古典音乐、流行音乐、爵士乐、摇滚乐、电子音乐等，每种音乐风格都有其独特的特点和文化背景。

2. 音乐作品的结构

音乐作品通常由乐曲结构、旋律、节奏、和声等元素组成，音乐欣赏可以帮助我们分析和理解音乐作品的结构。

3. 音乐表现的情感及情绪

音乐可以表达情感、情绪、思想等，音乐欣赏可以帮助我们感受音乐所传达的情感信息和意义。

4. 音乐家及作品

音乐欣赏包括了解不同的音乐家，学习其作品，了解作品的创作背景、风格、创作理念等。

5. 音乐史及文化背景

音乐欣赏也可以帮助我们了解音乐的发展史和文化背景，从中学习到音乐在不同时期和文化中的演变以及产生的影响。

二、音乐的听觉特征

音乐的听觉特征包括节奏感、旋律、和声、音色、音量、音调、调式和五线谱等方面，这些特征共同构成了音乐的独特魅力，使人可以通过听觉来感受音乐所传达的情感和思想。

1. 节奏感

音乐的节奏是指一种有规律的音符或音乐元素的排列，比如有些节奏可以让人的身体不自觉地随之摇摆和跳动。音乐的节奏是音乐欣赏中最基本的听觉对象之一。节奏感是人们在音乐、舞蹈或其他艺术形式中感知和把握节奏的能力。它涉及对节拍、速度、强弱音的理解与把握，能够帮助人们更好地参与艺术创作和表演。良好的节奏感可以让音乐更加生动，让舞蹈动作更加协调。

在日常生活中，节奏感也可以反映在运动、语言表达以及各种节奏性的活动中，例如，打拍子、走路时的步伐甚至说话的语调等，都能体现出节奏感。提高节奏感的方法有很多，如多听音乐、参加舞蹈训练、练习打击乐器等。通过这些活动，可以增强对音律和节奏的敏感度，从而提升节奏感。

2. 旋律

旋律是音乐的灵魂，是乐曲的主线和核心部分，也是音乐中最重要的元素之一，它是由一系列音符按照一定的音高和时值依次排列而成的。

旋律往往能够表达情感、讲述故事，给人以美的享受，让人产生情感共鸣。不同的旋律风格可以带来不同的听觉体验，例如，民间音乐的旋律往往简单易记，而古典音乐的旋律可能更加复杂多变。

3. 和声

和声是音乐中的一个重要概念，是指由两个或多个音符同时发出的声音而产生的一种和谐的音响效果。和声能够增强音乐的丰富性和层次感，使旋律更加动人。在音乐创作和表现中，和声可以通过不同的和弦、音程、调性等来实现。和声的主要类型包括如下几种。

（1）调和声：基于调式音阶的和声，常见于西方古典音乐。

（2）非调和声：不依赖于传统音阶，常见于现代音乐和某些民族音乐。

（3）分层和声：在旋律的每个音符上叠加和声，形成丰富的音响效果。

（4）复调：多个独立旋律同时进行，在和声的背景下相互交织。

在学习和声时，通常需要掌握和弦的构成、功能、进行方式以及它们在不同音乐风格中的运用等知识。

4. 音色

音色是指声音的特色和品质，通常用于描述乐器、声乐或其他声音产生源的独特性，是区分不同音乐元素或演奏家的重要特征之一。音色影响着我们对不同乐器或声音的辨识，即使它们发出相同的音高和音量，音色也能使其听起来互不相同。

5. 音量

音量是声音的强度或响度，通常用分贝（dB）来表示，分贝是一种对数单位，用于衡量声波的压力级。音量受多种因素的影响，包括声源的性质、环境的传声效果及听者的感知能力等。音乐的音量可以让人感受到音乐的强弱和悲喜等不同的情绪,是音乐表达情感的重要手段之一。

在日常生活中,我们常常会在听音乐、观看视频或打电话时调节音量,以使之达到适合自己和周围环境的响度。过大的音量可能会对听力造成损害,因此保持适当的音量是很重要的。

6. 音调

音调是指音乐中的音高,高音和低音的变化可以给人带来不同的感受和体验。音调通常由声音的频率决定。频率越高,音调就越高;频率越低,音调就越低。音调在音乐、语言研究等领域中有着非常重要的地位。在音乐中,音调是组成旋律的基本要素之一;而在语言中,音调可以用来表达不同的意义或情感。

7. 调式

调式通常是指音乐的调性,也可以用于描述某种状态或情绪的调整。在音乐中,调式是指一个音阶中若干个乐音按照一定的关系组合成的体系,通常以其中一个音为首,其余各音都倾向于它。调式通常包括大调、小调等不同种类。每种调式都有其独特的音色和音域,不同调式会给人带来不同的情感体验,决定了音乐的风格和情感色彩。

8. 五线谱

五线谱(又称五线谱系统)是音乐记谱的一种常用形式,由五条等距离的平行线组成。五线谱主要用于记录音符及其时值、力度、音高、演奏技巧等音乐信息。其基本结构和特征包括如下几方面。

(1)五条线和四个间。五线谱上有五条线和四个间,每条线和每个间都可以用来表示不同的音高,如图1-1所示。

(2)音符的位置。音符的位置(在线上或间隙中)决定了其音高。例如,五线谱的第二条线上的音符通常是"发"(G),第一个间的音符是"米"(E)。

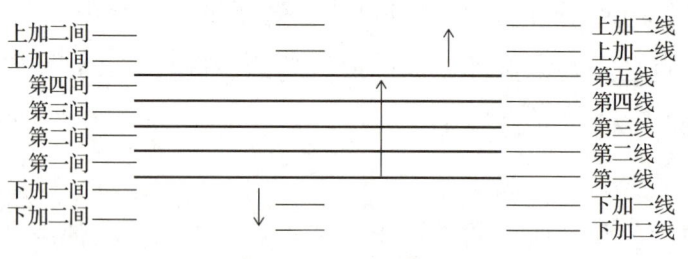

图1-1 五线谱

(3)谱号。谱号是五线谱常用符号(见图1-2)的一种,不同的谱号(如高音谱号、低音谱号、中音谱号)会影响音符在五线谱上的具体含义,确定哪些线和间对应哪些音,如图1-3所示。

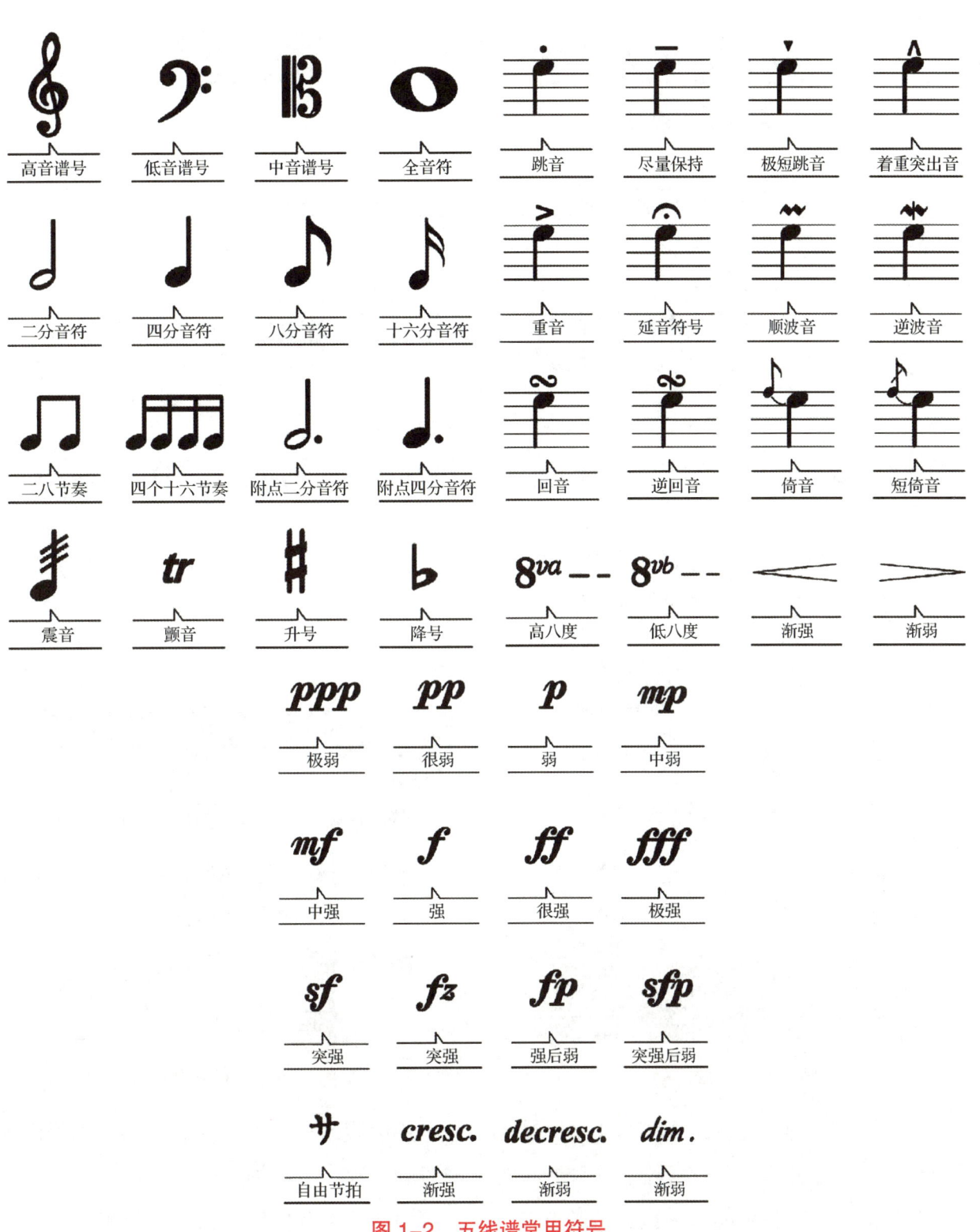

图 1-2 五线谱常用符号

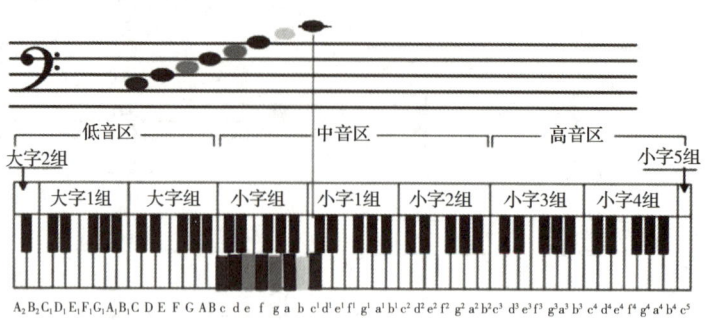

图1-3 F谱号低音谱号

（4）升降记号。在音符前加上升记号（#）或降记号（♭）可以改变音符的音高，如图1-4所示。

（5）拍号和节奏。谱上的拍号和节奏符号表示音符的时值和节奏，常见的拍号有二拍子、三拍子、四拍子等，如图1-5所示。

图1-4 升降记号

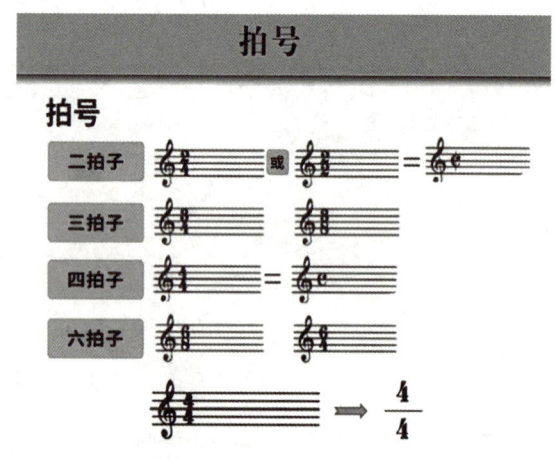

图1-5 拍号和节奏

（6）拍子。拍子是音乐中划分小节时值的单位，用以表现乐曲的节奏和强弱。拍子用固定的音值（二分音符，四分音符、八分音符等）来表示，称为单位拍。

五线谱是西方音乐的一种重要记谱方式，广泛应用于各类音乐作品的创作和演奏中。

三、幼儿的音乐听觉特征

幼儿的音乐听觉特征主要表现在以下几方面。

（1）音高。幼儿对高低音调的区分能力较弱，常表现为对高音和低音的反应不够敏感，但能够感受到音调的变化。

（2）音速。幼儿在这方面的听觉敏感度高，对音速的变化能够作出较为清晰的反应。

（3）音色。幼儿对不同声音的音色有较强的辨别能力，能够区分不同乐器或人声的音色。

（4）节奏。幼儿对节奏的感知能力较差，但能够感受到音乐中的节奏变化，如快慢、强弱。

（5）音量。幼儿对音量的变化比较敏感，能够较为准确地感受到音乐的响亮程度。

幼儿的音乐听觉特征呈现出对音高不敏感，对音速和音色敏感，对节奏理解能力较差，对音量变化敏感等特点。在进行幼儿音乐欣赏的教学时，可以根据这些特征选择合适的音乐材料和欣赏方式，帮助他们更好地理解和欣赏音乐。

第二节　认识幼儿音乐欣赏

幼儿音乐欣赏是指幼儿通过音乐欣赏活动，获得音乐文化的熏陶，感受和理解音乐的美。幼儿音乐欣赏的目的在于培养幼儿良好的审美情趣和音乐欣赏能力，同时也有助于促进幼儿的综合素质发展。

一、幼儿音乐欣赏教育的目标

幼儿音乐欣赏教育旨在培养幼儿对音乐的兴趣和热爱，帮助幼儿认识和欣赏不同类型的音乐，开拓其音乐视野，提高幼儿对音乐的审美能力。主要可以从以下几个方面设定幼儿音乐欣赏教育的目标。

（1）激发兴趣：通过多样化的音乐活动，如唱歌、跳舞、乐器演奏等，让幼儿对音乐产生初步的兴趣和好奇心。

（2）培养感知能力：通过听音辨音、音乐游戏等活动，提高幼儿对音调、节奏、音色的感知能力，帮助他们理解音乐的基本组成元素。

（3）促进情绪表达：引导幼儿通过音乐表达自己的情绪，体验不同音乐风格带来的情感变化，增强他们的情感认知和表达能力。

（4）增强合作意识：通过集体音乐活动，如合唱、团体舞蹈等，培养幼儿的团队合作意识，让他们在音乐中感受到集体的力量以及合作的乐趣。

（5）培养审美意识：通过欣赏不同类型的音乐作品，帮助幼儿提高音乐欣赏能力，培养良好的音乐审美观，使他们能够感受到音乐的美。

（6）促进身心发展：通过音乐活动促进幼儿身体协调性、节奏感和创造力的发展，同时也有助于其身心的发育和社交能力的提升。

（7）培养持久兴趣：通过定期的音乐活动和表演，增强幼儿的参与感和成就感，让他们在活动中不断感知音乐的乐趣，培养对音乐的持久热爱。

通过以上目标的设定与相应教育活动的实施，可以有效地激发和培养幼儿对音乐的热爱，提高幼儿的审美能力，促进他们艺术素养的发展。音乐表达和表演能力是发展幼儿艺术素养的重要环节。以下是一些具体的培养目标。

（1）音乐感知能力：通过听觉训练，帮助幼儿辨识不同的音高、节奏、音色等，增强其对音乐的感知能力。

（2）节奏感和协调性：通过演奏打击乐器、手拍等活动，提高幼儿的节奏感和身体的协调能力，使其能够跟随音乐的节拍进行身体的律动。

（3）音准和音色的认识：教导幼儿感知并模仿各种乐器的音色，帮助他们识别并唱出准确的音调。

（4）情感表达能力：通过歌曲演唱和舞蹈表演，引导幼儿用音乐表达情感，理解音乐所传达的情感和故事。

（5）创造力与想象力：鼓励幼儿创作简单的旋律和歌词，激发他们的创造力，同时鼓励幼儿自由地进行音乐游戏和即兴表演。

（6）演出与合作能力：通过合唱、乐器合奏等活动，培养幼儿的团队合作精神和社会交往能力，增强其在表演中的自信心。

（7）音乐知识的初步了解：让幼儿了解基本的音乐术语、乐器种类和简单的音乐理论，丰富他们的音乐知识。

（8）审美能力：通过欣赏各种风格的音乐，培养幼儿的审美能力，帮助他们形成对音乐的个人喜好。

通过以上目标的实现，幼儿将能够在音乐表达和表演中获得快乐与自信，为未来的艺术学习打下坚实的基础。同时，随着音乐感知能力和音乐记忆能力的提高，幼儿在以下诸方面的能力都将得到增强。

（1）提升音乐感知能力：通过各种音乐活动，使幼儿能够识别不同的音调、节奏和旋律，培养他们对音乐的敏感度和鉴赏能力。

（2）加强音乐记忆能力：通过重复听、唱和演奏音乐，帮助幼儿加强对旋律和歌词的记忆，提高他们的记忆力和专注力。

（3）培养语言能力：借助音乐活动，促进幼儿语言表达能力的发展；通过学习歌词和朗朗上口的曲调，增加他们的词汇量，提升其语言理解能力。

（4）锻炼听辨能力：通过听音乐、识别乐器声音等活动，锻炼幼儿听觉的识别能力，帮助他们即使身处嘈杂环境中也能集中注意力听到必要的信息。

（5）增强社交能力：通过音乐游戏和团体活动，促进幼儿之间的互动和合作，培养他们的社交技巧和团队意识。

（6）激发创造力：鼓励幼儿参与音乐创作和即兴表演，激发他们的想象力和创造力，培养其独立思考能力。

（7）增强情感表达与认知能力：通过音乐，让幼儿能够体验并学会表达各种情感，增强他们的情感认知能力，以及对他人情感的理解和共情能力。

（8）促进身体协调能力的发展：通过唱歌、跳舞等活动，提高幼儿的身体协调性和节奏感，促进其身体的发育。

综上所述，通过系统的音乐教育，可以促进幼儿的全面发展，为他们的未来成长打下良好基础。培养幼儿的团队合作意识和交往能力，提升幼儿的自信心和自我表达能力，促进幼儿身心的健康发展，增强幼儿的情感认知和情感表达能力是幼儿音乐欣赏教育的基本目标。

二、幼儿音乐欣赏的意义

幼儿音乐欣赏可以帮助幼儿培养对音乐的兴趣，激发他们对音乐的探索和热爱。通过欣赏不同类型的音乐作品，可以培养幼儿对美的敏感性，发展审美能力。音乐是一种情感表达方式，幼儿通过音乐欣赏可以学会用音乐来表达自己的情感和情绪，增强自身的情感表达能力。幼儿在音乐欣赏中，通过倾听和感知不同的乐音、节奏和声音，可以逐渐发展听觉感知的能力，增强对音乐的感受力。

三、幼儿音乐欣赏的特点

幼儿音乐以简单、明快、活泼、亲切的故事性和教育性为特点，能够引起幼儿的兴趣，促进幼儿的身心健康发展。

幼儿音乐的特点主要体现在以下几个方面。

（1）简单明快。幼儿音乐节奏鲜明，旋律简单易学，容易激发幼儿的兴趣，吸引他们的注意力。

（2）活泼可爱。幼儿音乐通常以欢快的旋律为主，通过轻快、活泼的节奏，来激发幼儿的活力和兴奋情绪。

（3）内容亲切。幼儿音乐的歌词内容通常围绕幼儿的日常生活、游戏和学习等方面展开，与他们的实际经验紧密相关，更易于被理解和接受。

（4）故事性强。幼儿音乐通常采用叙事方式展开一个故事情节，并用音乐的方式来进行表达，从而给幼儿带来一种全新的欣赏体验。

（5）教育性强。幼儿音乐经常通过简单的歌词、节奏或动作引导幼儿学习和掌握一些基础知识和生活方面的基本技能。

幼儿音乐欣赏是在游戏中进行的，能够激发幼儿的兴趣和积极性。幼儿音乐欣赏要重视

情感的培养，帮助幼儿体验和表达其所理解的音乐中的情感。幼儿音乐欣赏要关注幼儿的个体差异，允许幼儿根据自己的感受和理解进行个性化的表达。幼儿音乐欣赏还要注重对幼儿的启发和引导，能帮助幼儿进行自主思考并肯定其创造能力，强调整体感知和综合性的听觉体验，以培养幼儿对音乐整体结构的感知和理解能力。

幼儿音乐欣赏具有能够引发感官体验、培养审美情趣、提升情感表达以及认知能力、完善音乐教育等特点。它对幼儿的音乐素养、情感表达和智力开发都具有积极的促进作用。

1. 引发感官体验

在幼儿音乐欣赏过程中，通过感受优美、和谐的旋律及丰富的音色变化对幼儿的视听感官形成刺激，让他们能够亲身体验音乐带来的美妙感觉。

2. 培养审美情趣

幼儿音乐欣赏有助于培养幼儿的审美情趣和艺术鉴赏能力。通过欣赏不同类型的音乐作品，幼儿可以学会识别不同的音乐风格及其结构特点，培养对音乐的敏感性和鉴赏能力。

3. 提升情感表达能力

幼儿音乐欣赏能够引发幼儿的情感共鸣，帮助他们学会用音乐语言来表达自己的情感。幼儿可以通过欣赏音乐，将内心的情感和情绪通过音乐的形式表达出来，达到情感宣泄的效果。

4. 提升认知能力

幼儿音乐欣赏有助于提升幼儿的认知能力，促进幼儿的智力发育。音乐中的节奏、旋律和动态变化可以刺激幼儿的大脑，促进大脑发育和思维能力的提升。同时，音乐欣赏还可以让幼儿学会集中注意力，培养幼儿的思维敏锐性和观察力。

5. 完善音乐教育

幼儿音乐欣赏是幼儿音乐教育的重要组成部分。通过欣赏各种音乐作品，幼儿可以初步了解音乐的基本元素及其组合方式，学会识别不同的乐器和音色，奠定音乐素养的基础。

四、选择适合幼儿欣赏的音乐

1. 简单易懂

适合幼儿欣赏的音乐作品应采用简单明了的乐曲结构和旋律，方便幼儿的理解和记忆。可以选择一些简单易懂、旋律优美的乐曲，以激发幼儿对音乐的兴趣，如《小星星变奏曲》《快乐的农夫》《ABC字母歌》等。

2. 富有节奏感

幼儿音乐欣赏的作品常常强调节奏感，意在通过明确的节奏引发幼儿的身体运动和律动。富有节奏感的乐曲能够很好地吸引幼儿的注意力，同时帮助他们感受音乐的节奏和韵律，如《小星星变奏曲》《盖房子》《欢乐颂》等。

在欣赏这些乐曲时，可以鼓励幼儿用手拍打大腿、跳跃或使用乐器进行节奏的表现，从而让他们在愉快的氛围中感受音乐的魅力。

3. 结合色彩丰富体验

幼儿音乐欣赏的作品通常包含丰富的声音和乐器的表现，通过多样化的音色和声音给幼儿带来愉悦的听觉体验。乐曲不仅旋律优美，而且富有表现力，非常适合幼儿欣赏。结合色彩丰富的图画书或者互动活动，能够让幼儿在音乐中感受到色彩与情感的内在联系。

幼儿音乐欣赏可以选择一些能够与丰富的色彩联系在一起的乐曲，以激发他们的想象力和创造力，如《小星星变奏曲》《动物狂欢节》《玩具国》等。

4. 情感表达明确

幼儿音乐欣赏的作品常常通过明确的音乐表达方式，如音乐的速度、音量和音调等来传达特定的情感和情绪。情感表达明确的乐曲容易引发幼儿的共鸣，如《小星星变奏曲》《快乐的小鸟》《小夜曲》《春天的旋律》等。

在欣赏这些乐曲时，可以通过讲故事、画画或是角色扮演等方式，让幼儿更深入地理解和表达他们的情感。这样一来，幼儿不仅能享受音乐，还能在互动中提高情感认知能力。

第三节 幼儿心理发展与音乐感知

一、幼儿心理发展与音乐感知的关系

音乐对于幼儿的心理发展具有积极的影响，可以促进幼儿在智力、语言、情感、社交能力等方面的发展。首先，音乐可以促进幼儿的智力发育，提高其学习能力。通过学习音乐，幼儿可以培养专注力、记忆力、想象力等认知能力，同时也可以提高他们的语言能力和数学能力。其次，音乐可以激发幼儿的情感感知能力和想象力，帮助他们表达自己的情感和情绪。通过欣赏音乐、参与音乐活动，让幼儿感受到音乐带来的愉悦和激动，可以培养他们的情感表达和沟通能力。此外，音乐还可以发展幼儿的社交能力。在音乐活动中，通过让幼儿和其他伙伴一起合作、互动，可培养他们的团队合作意识和社交能力，助其建立良好的人际关系。

音乐对幼儿心理发展的影响，具体表现在以下几个方面。

（一）培养幼儿良好的情绪情感

情绪是人类心理健康的窗口，在很大程度上反映了心理健康的状况。幼儿的情绪情感比

较不稳定，情绪体验强烈，两极性比较突出。由于幼儿神经系统的兴奋过程与抑制过程不平衡，因而他们的情绪具有冲动性和易感性的特点。从心理卫生角度来解读，任何一种情绪的产生都具有生理、心理的价值，都是个体对刺激的一种反应，是机体的一种防御机能和自我保护机制。但是，当某种情绪持续时间过长、过分强烈时，便会影响人的神经系统并导致行为失常。所以，保持良好的情绪以及学会控制与调节情绪，对确保幼儿的心理健康是十分重要的。

音乐是一种情感艺术，具有调节人的情绪、升华人的情感的功能。它通过有组织的音响，结合抑扬顿挫的音高、张弛变化的节奏、扣人心弦的速度、线条明确的力度，以及色彩多样的音色来传达人类的情感信息。作为一种听觉艺术，它能直接刺激人的听觉神经，产生有效的生物电，引起人们心灵的共鸣。正如荀子《乐论》所写"夫乐者，乐也"，说明音乐有令人愉悦的作用。在幼儿教育中，应发挥音乐的这种作用，使幼儿通过音乐欣赏保持愉快而平稳的情绪，从而使其大脑及整个神经系统处于良好的状态，并保持体内各器官的正常功能，达到心理活动协调一致的功效。

（二）培养幼儿坚定的意志和信心

意志是一种人们根据一定的目的对自己的行为进行激发、维持、抑制等心理调节的过程。自信心是一个人心理素质的核心内容之一，也是心理教育的重要内容。自信是一种优秀的品质，能使人获得积极向上的心态，一个人有自信，他就会满怀热情地投入意志行为中，在遇到困难时，也不会被困难和挫折压倒。

但是，在过去的幼儿教育中，"听话教育"是教育的基调之一，"乖孩子"是评价幼儿的一个重要指标。这种观念扼杀了幼儿自我认知的发展，压抑了其确立健康人格的潜能，同时也导致了幼儿缺乏安全感，依赖性强而独立性差，面对压力时难以应付。音乐教育具有促进幼儿意志品质得到发展的潜力，因为音乐活动是一种有目的的实践活动，无论是学习唱歌，还是学习乐器，无一不是一种有着明确目的的行为。尤其是对于初学音乐的幼儿来说，没有坚持不懈的刻苦精神和学习意志，就无法达到确定的目标。同时，音乐教育所蕴含的养成教育及一系列的兴趣引导，能够从多个角度来陶冶幼儿的性情，帮助幼儿克服冲动、任性等不健康的心理，增强幼儿的自信心以及克服困难的勇气和能力。

（三）培养幼儿的合作精神

开展音乐活动，组织幼儿参加各种音乐游戏和表演活动，是发展幼儿交往能力和合作技能的良好途径。合唱、合奏是一种要求高度协作的音乐表演形式，只有经过齐心合作、共同努力，才能演唱、演奏出优美动听的歌曲和音乐。如果有一个幼儿不配合或者唱错一个音，就会使整体效果受到影响，因此，通过参加集体的音乐活动，可以增强幼儿的集体合作意识，培养幼儿与同伴友好合作、默契配合的能力，为幼儿将来能够适应不同的人际交往环境提供了较好的基础。

音乐对幼儿的心理发展有着重要的影响，可以促进他们的全面发展，提升他们的综合能力。因此，家长和教师可以通过音乐教育，帮助幼儿更好地认识世界、发展自我，助其建立自信并保持身心健康。幼儿音乐欣赏是一条让幼儿通过聆听音乐来培养音乐欣赏能力的有效途径。激发幼儿的兴趣可以采取的方法很多，根据幼儿的年龄和认知水平选择适合的音乐，如儿歌、童谣、轻快的舞曲等，都能够引起幼儿的好奇心和探索欲。比如，对于3~5岁的幼儿来说，可以选择能让他们边唱边跳的儿童歌曲，如《小兔子乖乖》《两只老虎》等。

二、如何为幼儿创设音乐氛围

生活中的声音有不同的节奏、高低和音色，是幼儿最先接触到的具有音乐元素的声音。倾听与感受生活中美好的声音，对激发幼儿倾听音乐的兴趣能起到积极作用。

1. 美妙的声音

比如，家里新添了带水循环的鱼缸后，家长可以引导幼儿发现美妙的声音："屋子里响起了流水的声音，鱼缸里还有两只小乌龟，它们爬来爬去，硬硬的壳碰到玻璃缸，发出砰砰的声音。"当幼儿主动感受到家里好听的声音时，如门铃声，家长可以及时肯定他的发现，并和他一起倾听，告诉他门铃清脆的叮咚声除了能提醒主人有人敲门，还能给人带来愉悦的感受。

2. 劳动的声音

家务劳动是家庭生活的一部分，劳动中的声音是幼儿所熟悉的，但往往不被我们关注。家长可以引导幼儿倾听劳动中的各种声音，比如：妈妈洗菜时，水龙头里的水哗啦哗啦流出来的声音；奶奶切菜时，刀碰到案板发出咚咚咚的声音；洗衣机在洗衣服时，发出轰隆轰隆的声音……家长可以鼓励幼儿多参与劳动，在劳动的声音中感受温馨与快乐。

3. 大自然的声音

大自然的声音丰富多彩，如小河流水声、风吹树叶声、鸟鸣声、下雨声等，家长要多带幼儿去聆听。家长可以引导幼儿说："哇，树叶发出的声音真好听！妈妈太喜欢了！你听到了吗？""树叶为什么会发出声音呢？这是杨树叶被风吹动的声音，其他种类的树叶会发出什么样的声音呢？"

三、不同年龄幼儿对音乐的喜好

被音乐"喂"大的孩子，会自带乐感且充满幸福感。家中经常播放音乐是为幼儿创造音乐环境的重要途径，可以丰富幼儿的听赏体验。

学龄前儿童对音乐的喜好有一定的规律。总体来说，幼儿喜欢欢快活泼、令人愉悦的音乐。但不同年龄段又有一些差别，具体表现如下。

1. 3~4岁

该年龄段的幼儿喜欢愉快、活泼、有趣、可爱的音乐，如歌曲《兔兔跳》《走路》。推荐音乐类型：故事音乐类，如《小兔子乖乖》《拔萝卜》《蚂蚁搬豆》；古典音乐类，如《小星星变奏曲》（莫扎特）、《幽默曲》（德沃夏克）；游戏音乐类，如《吹泡泡》《打电话》；摇篮曲类，如《摇篮曲》（勃拉姆斯）。

2. 4~5岁

该年龄段的幼儿开始愿意欣赏类型更为丰富的音乐，既喜欢愉快有趣的音乐，也喜欢舒缓优美的音乐。推荐音乐类型：古典（经典）音乐类，如《快乐的农夫》（舒曼）、《春》（维瓦尔第）、《土耳其进行曲》（莫扎特）、《小步舞曲》（巴赫）；民间儿歌童谣类，如《勇敢的鄂伦春》《牧童之歌》《水牛儿》《茉莉花》，以及节拍种类丰富一些的，如《小鸟落落》《迷路的小鸭》；游戏音乐类，如《丢手绢》《找朋友》；还可以选择当下父母与幼儿都喜欢的流行音乐。

3. 5~6岁

该年龄段的幼儿更明显地开始愿意欣赏风格多样的音乐，他们既喜欢欢快的乐曲，也非常喜欢舒缓的乐曲。推荐音乐类型：古典音乐、世界经典音乐类，如《动物狂欢节》（圣-桑）、《玩具兵进行曲》（耶塞尔）、《小夜曲》（舒伯特）；中外民歌类，如《凤阳花鼓》《鲜花调》《数蛤蟆》；简单的戏曲京歌类，如《唱脸谱》《变脸王》；幼儿歌曲类，如《春姑娘》《小篱笆》《云》《劳动最光荣》；也可以选择当下父母与幼儿都喜欢的流行音乐。

欣赏音乐时要注意一些小细节，才能让家庭音乐环境的质量更好。

（1）选择优质的播放设备。播放音乐时不宜使用手机当音箱，而要选择有源音箱（可以插电使用的）或质量上乘的蓝牙音箱。

（2）提供丰富多元的音乐。很多成年人喜欢听流行音乐，便会选择当下流行的几首歌曲反复听唱。为幼儿提供音乐则不能"挑食"，要丰富多元，需兼顾以下几个方面。

①地域：中国音乐与西方音乐，中国音乐中又有多民族与多地域可选。

②种类：西方经典音乐、古典音乐，中国戏曲、民歌，现代儿童音乐等。

③体裁：舞曲、摇篮曲、进行曲、回旋曲等。

④演奏方式：交响乐，或钢琴、小提琴、管乐等乐器的独奏。

⑤演唱方式：独唱、合唱、对唱等。

四、为幼儿创设音乐情境

与幼儿一起随乐而动。节奏是音乐的"骨骼"，节奏感强的幼儿在合乐、合拍、乐感等方面能力较强，因而表现得更加自信、大胆。家长与幼儿一起随乐而动的原则是自然、愉悦。

1. 听音乐即兴起舞

3~4岁的幼儿，有的能主动跟着家长随乐而动，有的则不愿意。对于主动的幼儿，家长可以双手拉着幼儿的小手，随着音乐的节奏自然摆动身体，随乐迈开脚步，邀请幼儿做自己的"舞伴"，可以不时地转一个圈。对于不主动的幼儿，家长也要给予理解和包容，为他营造宽松的音乐氛围。家长可以将幼儿抱起来，或让他坐在自己的腿上，通过家长自身的随乐而动，带着幼儿同时动起来，这样的氛围能拉近亲子之间的距离，幼儿会非常喜欢。到了4~5岁，大部分幼儿都会喜欢与父母一起随乐而动了，这时可以加一些动作来丰富亲子间的互动，比如拍手，这是最简单、最自然也是最好把握的动作，随着音乐的节拍或节奏拍手就可以。如果幼儿喜欢互动，家长还可以和幼儿在拍手时手碰手、对对拍。5~6岁的幼儿能成为与家长配合很好的"小舞伴"，他们会在随乐而舞的时候自己创编新动作。家长可以学习幼儿创编的动作，给他们及时的回应与肯定。

2. 借助游戏道具合拍而动

家长可以利用身边的道具伴随音乐和幼儿玩节奏游戏，如跳圈、跳格子、玩跳舞毯、拍球等都非常有趣。家长可以和幼儿一起跟着跳舞毯自带的音乐与显示的节奏指引来跳，可以跟随音乐的速度拍球，还可以选择一些节奏鲜明、速度适宜的音乐作为拍球音乐。如果幼儿的拍球技能已经很熟练了，家长就可以选择速度快一些的音乐，反之就选择慢一些的。在跟随音乐拍球时，家长要提示幼儿每一次球的落地要合在音乐节拍的点上，也就是合拍子拍球。

3. 语言也可以玩节奏

节奏是有规律的进程。幼儿在说话时也可以练习节奏，可以从一个词语开始练习。比如，有节奏地说人名，两个字的名字可以用"××"的节奏说出来，三个字的可以说"×××"，也可以说生活中常见的水果、蔬菜、交通工具等。在词语节奏练习得比较熟练之后，家长可以和幼儿有节奏地说儿歌。比如："我有一双小小手，一只左来一只右。小小手，小小手，一共十个手指头。我有一双小小手，能穿衣来能梳头。小小手，小小手，自己事情自己做。"家长可以收集各种各样的儿歌，有节奏地说出来，帮助幼儿练习多种节奏，培养其节奏感和语言表达能力。

4. 创设情境的种类

（1）创设音乐氛围：在音乐欣赏的时候，应营造一个安静、舒适、专注的环境，如屏蔽噪声、调暗灯光等，让幼儿能更好地聆听音乐。可以根据幼儿的年龄特点和兴趣来设计不同的活动氛围。

（2）创造音乐环境：在幼儿园或家中为幼儿设置一个音乐角，摆放一些简单的乐器，如小鼓、铃铛、木琴等，让幼儿可以随时尝试演奏。

（3）聆听音乐：播放适合幼儿年龄的音乐，如儿歌、轻快的童谣等。可以利用不同的乐

器、声音和节奏激发幼儿的兴趣，同时鼓励他们一起跟着音乐的节奏跳舞或做手势或动作。

（4）参与乐器制作：鼓励幼儿亲自用常见的材料来制作乐器。例如，用空罐子和木棍制作简易鼓，用发夹夹在橡皮筋上制作简易吉他等。

（5）参与音乐游戏：组织一些音乐游戏，通过游戏加深幼儿对音乐知识的理解，同时拓展其知识面。例如，通过拍手、拍腿、敲打物体等动作来进行节奏游戏，或者让幼儿通过唱歌来学习字母、数字等基本知识。

（6）欣赏音乐演出：带幼儿去参加音乐会、音乐剧等演出活动，让他们亲身体验音乐的魅力，激发他们对音乐的兴趣。

五、设计活动和环境

要为不同年龄的幼儿创设音乐氛围，需要根据幼儿的年龄特点和兴趣来设计活动和环境，鼓励他们参与音乐制作、聆听音乐、参与音乐游戏等，以帮助他们提升音乐素养、提高综合能力。

与幼儿一起进行音乐欣赏时，要注重互动和参与感，通过引导和设计一系列的活动，使幼儿更好地体验音乐并培养对音乐的兴趣。

1. 制造音乐氛围

在进行音乐欣赏时，可以营造一个安静舒适的环境，例如，消除嘈杂声音，调暗灯光等。这样可以让幼儿更专注地欣赏音乐。

2. 合唱和打节拍

通过教唱一些简单的歌曲或鼓励幼儿自由发声，与幼儿进行合唱互动。同时，可以教导幼儿通过打节拍的方式感受音乐的节奏。

3. 利用乐器进行互动

引导幼儿使用简单的乐器，如手拍、摇铃等，与音乐一起演奏。这样可以增加幼儿的参与感，加深其对音乐的体验。

4. 进行情感表达

鼓励幼儿用自己的方式表达对音乐的想法或感受。可以通过绘画、跳舞、模仿音乐中的动物等方式，让幼儿体验音乐带来的情感。

5. 设计音乐游戏

设计一些与音乐相关的游戏，如模仿音乐中的动作和声音等。这样可以增加音乐欣赏的趣味性和互动性。

6. 利用多媒体资源

幼儿音乐欣赏中多媒体的运用是将多媒体技术与幼儿音乐教育相结合，通过使用多媒体资源展示多种音乐形式，给幼儿带来更加丰富多样的音乐体验和学习机会。

在幼儿音乐欣赏中，可以通过使用多媒体设备播放音频、视频等形式，让幼儿通过视觉和听觉的双重感官体验来欣赏音乐，增加幼儿的兴趣，帮助幼儿更好地理解和感受音乐。可以通过展示不同风格、形式的音乐作品，引导幼儿聆听和欣赏不同的音乐元素和表演形式，开拓幼儿的音乐视野。通过利用多媒体资源，可以让幼儿欣赏来自不同国家、不同文化背景下的音乐作品，培养幼儿的跨文化音乐意识和音乐欣赏能力。多媒体技术可以为幼儿提供互动性的音乐学习体验，通过使用互动媒体软件和设备，幼儿可以参与音乐创作、演奏和合唱等活动，增强他们的音乐表达和合作能力。例如，幼儿可以通过触摸屏幕、键盘等方式，参与音乐创作和演奏，体验演奏和创作音乐的乐趣。多媒体还可以为幼儿提供丰富多样的音乐教育资源，通过网络、电子书籍、教育软件等平台，幼儿可以接触到大量的音乐教育资源，包括音乐故事、歌曲、音乐游戏和教学视频等，丰富自身的音乐学习内容和方式。

六、培养幼儿的音乐素养

音乐教育是幼儿的全面发展不可或缺的一部分，它不仅可以培养幼儿的审美情趣，还可以提高他们的创造力和表达能力。

幼儿音乐欣赏与多媒体技术及资源的运用可以提供更加丰富多样的音乐体验和学习机会，有助于培养幼儿的音乐素养和音乐表达能力，激发他们对音乐的兴趣和热爱。

1. 制订计划

通过制订计划，确定幼儿音乐欣赏活动的频率和时间。可以选择每周、每两周或每月开展一次音乐欣赏活动，根据实际情况确定时长，如每次活动为30分钟或1小时。

2. 选择合适的音乐

根据幼儿的年龄和理解能力，选择与之相适合的音乐。可以选择传统童谣、儿歌、经典歌曲或其他优秀的儿童音乐作品。

3. 创建合适的音乐欣赏环境

活动时应选择安静的环境，应保持室内的干净整洁。可以将房间布置得舒适且温馨，如放置一些柔软的坐垫，用柔和的灯光照明等。

4. 增加互动和参与度

制定互动环节，使幼儿参与到音乐欣赏活动中来。可以让幼儿一起拍拍手，跟着音乐拍出节奏或跳舞，让他们能够积极地参与活动并感受音乐的美好。

5. 表达感受和体验

在活动结束后，鼓励幼儿表达他们对音乐的感受和体验，可以通过画画、歌唱、讲故事等方式让幼儿展示自己的创造力和想象力。

6. 持续改进

根据每次活动的效果和反馈，适时调整活动的内容和形式，确保活动的质量和吸引力。

七、培养音乐表达能力

在音乐欣赏后，可以让幼儿通过绘画、舞蹈、创作等方式来表达对音乐的感受和理解，激发他们对音乐的兴趣和创造力。培养幼儿音乐表达能力的重要性体现在以下几个方面。

（1）幼儿对音乐的表达都十分敏感，其自身音乐表达能力的发展潜力也很大。通过对音乐的学习和表达，可以帮助幼儿感知和理解各种音乐元素，培养其音乐鉴赏能力。

（2）音乐表达能力的培养可以促进幼儿身体和心理的健康发展。音乐和身体动作的结合能够锻炼幼儿的动作协调能力和肌肉控制能力，培养幼儿的节奏感和韵律感。同时，音乐还能够调节幼儿的情绪，培养幼儿的情感表达能力，提高幼儿的情绪管理能力。

（3）音乐是一种全球性的语言，通过对音乐的学习和表达，可以增强幼儿的跨文化交流能力和语言表达能力。音乐不仅有助于培养幼儿的口语表达能力，还可以通过学习唱歌和演奏乐器等方式，培养幼儿的审美情趣和创造力。

（4）音乐表达能力的培养对幼儿的综合素质发展有着积极的影响。通过对音乐的学习和表达，可以培养幼儿的想象力和逻辑思维能力，激发幼儿的求知欲和创造力，培养幼儿的团队合作精神和社交技能。

综上所述，培养幼儿音乐表达能力的重要性体现在能增强幼儿的感知和理解能力，促进身体和心理的健康发展，提高跨文化交流能力和语言表达能力，有助于综合素质发展等多个方面，对幼儿的全面发展具有积极的促进作用。

八、培养幼儿音乐表达能力的方法

1. 提供丰富的音乐材料

让幼儿接触到多样化的音乐材料，如音乐玩具、乐器、音乐游戏等，激发他们对音乐的兴趣。

2. 学习唱歌和舞蹈

教导幼儿学唱一些简单的儿歌和童谣，同时引导他们学做简单的舞蹈动作，培养他们的节奏感和音乐表达能力。

3. 创作音乐作品

鼓励幼儿进行简单的音乐创作，如编写歌词、创作简单的旋律，让他们展示自己的音乐才华和想象力。

4. 激发表演兴趣

鼓励幼儿参与音乐表演活动，如参加幼儿音乐剧场、音乐比赛等，通过登台表演来展示自己的音乐天赋和舞台表现力。

综上所述，提供音乐材料、学习唱歌和舞蹈、创作音乐作品以及激发表演兴趣是培养幼

儿音乐表达能力的有效方法。

九、尊重幼儿的选择

在音乐欣赏活动中，尊重幼儿的选择是非常重要的，让他们有机会选择自己感兴趣的音乐，能够增加他们对音乐的投入和提高他们对音乐的热情。幼儿的音乐口味和喜好与成人不同，他们可能会喜欢不同类型的音乐，如儿歌、童谣或者他们最喜欢的流行歌曲。在音乐欣赏中，尊重幼儿的选择意味着给予他们选择自己喜欢的音乐的权利。尊重幼儿的选择不仅体现了对他们个人品位的尊重，还能激发他们对音乐的兴趣，提高其艺术欣赏能力。通过为其提供多样化的音乐选择，幼儿可以在欣赏的过程中发现自己感兴趣的音乐风格和艺术家，并逐渐培养自主选择音乐的能力。

尊重幼儿的音乐选择也是在尊重他们的意愿和主张，培养他们独立思考和决策的能力。当幼儿的音乐选择得到尊重和重视时，他们会对自己的决策产生信心，从而增强自我意识和自我认知。因此，教育者和家长在幼儿音乐欣赏中应该尊重幼儿的选择，尽量提供多样化的音乐资源和选择机会，让幼儿在自由和开放的环境中提升音乐品位、完善价值观。这不仅是对幼儿主体性权利的尊重，还是促进幼儿全面发展的有效途径之一。

案例分享

案例背景

小明，4岁，是一名活泼好动的幼儿。由于父母忙于工作，他大部分时间是在幼儿园度过的。在幼儿园，教师用音乐开展日常教学活动，包括唱歌、跳舞和音乐游戏。

观察与分析

1. 情感表达

在听到欢快的音乐时，小明会表现出明显的兴奋和愉快。他开始随着音乐跳舞，面带微笑，甚至和同伴一起唱歌。音乐为他提供了一个表达情感的渠道，使他能够更自由地展现自己的快乐。

2. 认知发展

小明在学习歌曲时，不仅记住了歌词，还能准确地把握节拍和旋律。当教师问他歌曲的内容时，他能够简单地描述故事情节。这表明音乐活动帮助他提升了语言表达能力和理解能力。

3. 社交能力

在音乐游戏中，小明与同伴合作，轮流演奏并分享彼此的乐器，增进了他们之间的互动。通过这种合作活动，小明学习会了如何与他人沟通和协作，增强了社交技能。

4. 运动技能

在参与音乐舞蹈活动时,小明的身体协调性和节奏感得到了提升。他能够随着乐曲的节奏调整自己的动作,表现出对音乐的敏感性。这种运动与音乐的结合有助于促进他的身体发育。

结论

通过这一案例,我们可以看到,音乐感知对幼儿的心理发育具有积极的影响。音乐不仅提升了幼儿的情感表达和认知能力,还增强了他们的社交互动意识和身体协调能力。因此,在幼儿教育中,结合音乐活动开展教学是十分有益的,能够全面促进幼儿的身心健康发展。教师和家长应重视音乐在幼儿成长过程中的作用,为其提供更多的音乐学习机会。

智力开发与音乐启蒙的故事

在一个美丽的小镇上,有一家名为"音乐小屋"的幼儿园。这里的教师们相信,音乐对幼儿的智力开发有着重要的影响。他们设计了一系列有趣的音乐启蒙活动,让幼儿在欢快的旋律中学习和成长。

每天早上,幼儿都会聚集在一起,参加"音乐晨会"。教师会用简单的乐器,如手鼓、木琴和铃铛,带领他们一起唱歌和演奏。在这个过程中,幼儿不仅学到了节奏和旋律,还培养了团队合作的能力。当一名幼儿演奏乐器时,其他小朋友则负责唱歌,大家彼此配合,感受音乐带来的快乐。

有一天,教师决定组织一次"小小音乐家"的比赛,将幼儿分成若干小组。每个小组选择自己喜欢的动物,然后用音乐来表演它们的动作。比如,小兔子用轻快的音符跳跃,小象则用低沉的旋律走路。通过这种游戏,幼儿不仅锻炼了自己的创造力,还增强了对音乐的理解。

在这个过程中,幼儿还学会了很多新的词汇和表达方式。例如,当他们讨论如何用音乐表现"欢快"或"忧伤"时,教师会引导他们将不同的音乐风格和情绪结合起来进行思考。这不仅提升了他们的音乐素养,也促进了他们语言和认知能力的发展。

随着时间的推移,幼儿园的孩子们不仅在音乐表现方面有了显著的进步,他们的逻辑思维能力、数学能力以及社交技能也得到了提升。家长们纷纷表示,自己的孩子变得更加自信,愿意主动与人交流合作了。

在"音乐小屋"幼儿园中,音乐不仅是一门艺术,更是打开智力开发和情感表达大门的一把钥匙。通过音乐启蒙,幼儿在轻松愉快的氛围中,探索着自己的潜能,迎接着未来的挑战。这正是"音乐小屋"的教育理念——让每一名幼儿都可以在音乐中发现自己的无限可能。

巩固训练

一、填空题

1. 幼儿音乐欣赏可以帮助幼儿培养对音乐的兴趣，引发他们对音乐的探索和热爱，从而_____。

2. 音乐是一种情感的表达方式，幼儿通过音乐欣赏可以学会通过音乐来表达自己的情感和情绪，培养_____。

3. 幼儿在音乐欣赏中，通过倾听和感知不同的乐音、节奏和声音，可以逐渐发展听觉感知的能力，激发_____。

4. 幼儿音乐欣赏通过_____等元素，刺激幼儿的视听感官，让他们能够亲身体验音乐带来的美妙感觉。幼儿可以通过欣赏音乐，感受到优美旋律的_____，以及丰富的音色变化。

5. 幼儿音乐欣赏有助于培养幼儿的_____能力。通过欣赏不同类型的音乐作品，幼儿可以学会辨别不同的音乐风格及其特点，培养对音乐的_____。

二、简述题

1. 幼儿音乐欣赏能够引发幼儿的哪些情感共鸣？
2. 幼儿音乐欣赏是什么的重要组成部分？通过欣赏各种音乐作品，幼儿可以初步了解哪些音乐的基本元素及其组合方式？
3. 什么是音乐欣赏？通过持续的音乐欣赏活动，可以提高幼儿哪些音乐素养？
4. 幼儿音乐教育的特点有哪些？

三、实训练习

请根据幼儿的年龄和兴趣选择适合的音乐，如儿歌、童谣、轻快的舞曲，设计一节幼儿音乐欣赏课。

单元二
幼儿音乐欣赏方法指导

 学习目标

知识目标

1. 发展幼儿对不同音乐元素（如节奏、旋律、音色）的基本感知能力。
2. 增强幼儿对音乐情感表达的感受能力。
3. 提升幼儿的语言表达能力，包括词汇量的增加以及句子结构的丰富。
4. 鼓励幼儿用语言描述自己的音乐体验，从而实现语言能力和音乐理解能力之间的相互促进。

技能目标

1. 促进幼儿逻辑思维和创造性思维的发展。
2. 引导幼儿理解音乐与日常生活以及其他艺术形式之间的联系。

素养目标

1. 培养幼儿的社会交往能力，如通过小组活动学习合作和分享。
2. 通过音乐欣赏和语言交流，增强幼儿的情感表达和自我认知能力。

第一节 语言导入法

在幼儿音乐教育的广阔天地里，语言导入法作为连接幼儿感知与音乐世界的桥梁，发挥着不可小觑的作用。只有回归到音乐本身的各个要素去感知，才是帮助幼儿培养持久而良好

乐感的有效途径。对音乐的感知主要有节奏节拍的感知、旋律和声的感知、力度的感知、音色的感知和音乐风格的感知这几个方面，从这些角度出发所进行的音乐活动，能够更好地促进幼儿音乐感知能力的发展。

一、语言导入法的定义

语言导入法是一种教育策略，旨在通过富有创意和吸引力的语言叙述，激发幼儿对音乐作品的兴趣和好奇心，帮助他们更好地理解和感受音乐，具有促进幼儿全面发展的独特价值。语言导入法是一种在音乐教育中使用语言来引导学生进入音乐情境的方法。这种方法特别适用于幼儿阶段的音乐欣赏教学，因为在这个年龄段，幼儿对语言的理解力和想象力都非常活跃。通过语言导入法，教师可以激发幼儿的兴趣，帮助他们更好地理解音乐作品，并培养他们的音乐感受力。

二、语言导入法的作用

（1）激发兴趣：通过故事、诗歌等形式引入音乐，可以吸引幼儿的注意力，激发他们的好奇心和探索欲。

（2）引发情感共鸣：用语言描述音乐背后的故事或情感，可以帮助幼儿与音乐建立情感联系。

（3）促进认知发展：解释音乐中的结构、风格等概念，有助于提升幼儿的音乐认知能力。

（4）培养审美意识：通过语言描绘音乐的美，可以培养幼儿的审美意识。

（5）发展创造性思维：鼓励幼儿用自己的语言描述所听到的音乐，可以促进其创造性思维的发展。

三、语言导入法的种类

（1）故事讲述：将音乐作品与一个有趣的故事相结合，通过讲故事的方式引导幼儿进入音乐的世界。

（2）诗歌朗诵：选择与音乐主题相关的诗歌，通过朗诵的形式加深幼儿对音乐的理解。

（3）角色扮演：让幼儿扮演音乐中的角色，通过角色扮演来体验音乐所表达的情感和故事情节。

（4）歌词创作：鼓励幼儿为简单的旋律创作歌词，这不仅能够锻炼他们的语言能力，还能让他们更多地投入到音乐创作的过程中。

（5）对话讨论：组织幼儿围绕音乐作品进行讨论，通过提问和回答的方式增进他们对音乐的理解。

通过这些方法，教师可以有效地把语言作为工具，让幼儿在愉快的氛围中享受音乐，同时也能学到更多关于音乐的知识。

四、根据幼儿认知、情感、语言及心理发展特点设计语言导入法

幼儿期通常指3~6岁儿童的发展阶段，是个体发展的重要时期。处于这一年龄阶段的幼儿在认知、情感、语言和心理方面展现出了显著的进步和变化。了解这些发展特点对于设计有效的语言导入法至关重要，它们为教学策略的制定提供了科学基础，能确保教学活动与幼儿的实际需求及能力相匹配。

1. 根据幼儿认知发展特点设计语言导入法

首先是以具体操作思维为主。皮亚杰的认知发展理论指出，幼儿处于前运算阶段，他们通过直接操作物体来学习和理解世界，思维以直观、具体为主，尚未发展出抽象的逻辑思维能力。因此，语言导入时应利用实物、图片或具体情境帮助幼儿理解抽象的音乐概念。其次，这一年龄段的幼儿开始能够使用玩具或其他物品进行象征性游戏，表明他们能够理解事物间的象征关系。这为讲故事、角色扮演等语言导入法的设计提供了可能，可让幼儿通过形象的故事或角色来感受音乐的情绪和情节。

2. 根据幼儿情感发展特点设计语言导入法

音乐是一种强大的情感表达工具，语言导入法应注重引导幼儿通过音乐来感受和表达情感，如快乐、悲伤、惊奇等。这一年龄段幼儿的情感表达更加丰富和复杂，他们开始学会识别并命名自己和他人的情绪。幼儿在这一时期开始形成同伴关系，对归属感和认同感有了初步的认识。集体音乐活动和合作游戏可以增强幼儿的社会情感，语言导入时可设计分享、合作的环节，促进幼儿间的情感交流。

3. 根据幼儿语言发展特点设计语言导入法

幼儿期是语言学习能力的快速发展阶段，突出表现就是词汇量的急剧增加。这意味着他们能够理解并使用更多的词语来描述音乐及其个人体验，语言导入时应充分利用这一优势，引入丰富的词汇描述音乐元素。随着年龄的增长，幼儿开始掌握更复杂的语法结构，能够构造较长的句子。教师可以设计包含问句、祈使句的语言导入，激发幼儿的好奇心和参与意愿，如"猜猜这段音乐讲述了什么故事？"或"让我们一起模仿这首曲子中动物的声音"。

4. 根据幼儿心理发展特点设计语言导入法

深入理解幼儿心理发展关键阶段的特点，有助于我们科学、有效地设计语言导入法，使音乐欣赏活动更加贴近幼儿的认知水平和情感需求，从而达到最佳的教学效果。

综上所述，设计语言导入法时应遵循如下原则。

（1）直观具体：使用实物、图片和故事，将抽象的音乐概念具体化。

（2）情感共鸣：借助音乐引发幼儿的情感反应，鼓励他们表达和分享感受。

（3）语言丰富：采用多样化的语言表达，帮助幼儿扩展与音乐相关的词汇量、丰富语法结构。

（4）社交互动：促进幼儿间的互动，通过集体活动增强幼儿的团队协作意识和社会交往技能。

案例分享

李老师最近对在音乐欣赏活动中运用多通道参与的教学模式很感兴趣，在执教中班音乐欣赏《水族馆》时，她播放了一段表现鱼和水草动态的录像，背景音乐就是《水族馆》。幼儿饶有兴趣地看着录像里小鱼和水草嬉戏的场景。接着，她提示道："刚才我们听到的曲子让你想到了什么？"幼儿的回答是："小鱼在和水草玩。""小鱼和水草跳舞。"为了得到更多不一样的答案，她不断追问道："还有呢？谁有不一样的想法？"幼儿很茫然，继续重复刚才的答案。他们的思维全局限在了刚才观看的画面上，没有感受到乐曲中所表达的奇异、神秘意境。而当李老师把这段音乐无意间播放给了邻班的幼儿听时，他们有的说"像是仙女来了"，有的说"这听着很黑"，有的说"像小蛇在追我"，还有的说"像在一个黑黑的山洞里"……对音乐的感受力反而高于其使用多通道参与模式进行教学的那些幼儿。

请思考： 什么是音乐欣赏的多通道参与教学模式？教师在音乐欣赏活动中该如何正确使用多通道参与教学模式？

案例分析： 音乐欣赏的多通道参与模式是指让幼儿打开多种感知通道，在欣赏音乐的过程中不仅使用听觉，还需同时调动多种感官（视觉、动觉等），从而丰富、强化所听到的音乐内容，更好地感受音乐，更深刻地体会到自己是活动的参与者。案例中的教师过早地使用了视觉材料，忽视了幼儿对音乐本身的理解，影响了幼儿自由想象力的发挥和对音乐思想内涵的理解。感官通道运用不当时，反而会束缚幼儿参与的主动性和对音乐的理解。

幼儿音乐欣赏中的语言导入法是一种通过讲述故事或使用富有描述性的语言，来激发幼儿对即将欣赏的音乐作品产生兴趣的方法。

案例分享

引导幼儿欣赏《彼得与狼》。针对这首经典交响童话作品，可以这样设计语言导入环节。

开场白： "亲爱的小朋友们，今天老师要带你们到一个神奇的森林去探险。在这个森林里，住着许多有趣的朋友，有聪明勇敢的小彼得，慢悠悠的老爷爷，还有活泼可爱的小鸟、狡猾的猫、胆小的鸭子，以及森林里最让人害怕的大灰狼。但是，不要怕，因为

我们有音乐作为我们的魔法杖,它会告诉我们每个角色的秘密和故事的发展。"

角色介绍。先说:"让我们听听这是谁的声音(播放代表小鸟的长笛旋律)?是不是像小鸟一样在轻快地跳跃呢?"接着说:"这个低沉的声音是谁呢(播放代表大灰狼的法国号)?哦,听起来好像有点凶猛,那一定是大灰狼悄悄靠近了。"

故事情节融入:"在一个阳光明媚的早晨,小鸟唱着歌儿唤醒了森林(播放音乐),小彼得决定带着他的朋友们去探险。"突然,一阵紧张急促的音乐响起(适时播放)。"哎呀!是不是有什么事情发生了?原来是大灰狼出现了,所有的动物都害怕极了,它们会怎么做呢?"

引导聆听:"现在,让我们一起闭上眼睛,随着音乐的节奏,想象自己也在那座森林里,看看你能不能听到每一个角色的行动和心情变化。当音乐结束时,我们可以一起分享你的故事。"

通过这样的语言导入,教师不仅激发了幼儿的想象力和好奇心,也为他们理解复杂的音乐作品构建了一个直观的情感框架,帮助他们在聆听时能更容易地捕捉到音乐中的情感和故事线索。

五、语言导入法的步骤

在教学过程中,导入新课是教师根据教学目的、教学内容,在讲授新课前有目的、有计划、有方法地精心设计一个引导学生进入新课学习的重要环节。在幼儿音乐欣赏中可通过以下步骤具体实施语言导入法。

(一)故事讲述阶段

要选择适合的音乐作品,应考虑幼儿的年龄、兴趣以及故事的目的。确定故事的主要元素,如角色、情节、冲突和解决方案,确保故事有一个清晰的开头、中间和结尾,让幼儿能够想象出场景,并使用生动的语言帮助他们视觉化故事情境。介绍故事中的主要人物,并给予他们鲜明的性格特征,这有助于幼儿与角色建立情感联系。一个好的故事往往包含一些经验教训或传统的道德观念,要确保这些信息被清晰地传达出来,但不要过于说教。

案例分享

《小兔子乖乖》

一、准备阶段

音乐选择:选择一首名为《小兔子乖乖》的儿歌。

故事准备:准备一个与这首歌相关的小故事。

二、实施步骤

1. 引入故事

教师:"今天我们要听一首非常好听的歌,叫作《小兔子乖乖》。这首歌讲的是一只勇敢的小兔子的故事。一天,小兔子在家门口玩耍,突然来了一只大灰狼想要吃掉小兔子……"

2. 播放音乐

教师:"现在让我们一起听这首歌,同时想象小兔子和大灰狼都做了什么。"

播放音乐:播放《小兔子乖乖》这首歌曲。

3. 讨论分享

教师:"歌曲听完了,谁愿意和大家分享一下,你想象中的小兔子是怎么对付大灰狼的?"

幼儿A:"我觉得小兔子很聪明,它假装要给大灰狼开门,但是其实它没有开。"

幼儿B:"我觉得小兔子叫来了它的朋友,大家一起把大灰狼赶走了。"

三、结束阶段

教师总结:"大家都说得很好!小兔子是非常勇敢和聪明的。下次我们还可以用画笔画出小兔子和大灰狼的故事哦。"

四、拓展训练

在讲故事的时候,可以适当加入肢体动作和表情,让故事更加生动有趣。鼓励幼儿发挥想象力,可以让他们自由发挥,不要限制他们的创意。可通过提问和引导,激发幼儿的参与意愿和兴趣。

故事讲述的导入方法不仅能够让幼儿享受音乐的乐趣,还能提高他们的语言表达能力和创造性思维能力。

(二)情境描述阶段

在此阶段教师可以通过讲故事、创设情境等方式,帮助幼儿更好地理解音乐作品,激发他们对音乐的兴趣。首先,为音乐构建故事背景,可创作一个易于理解的故事背景,如"森林里的动物聚会""小星星的旅行"等。接着,用生动的语言描述这个故事发生的地点、时间和环境氛围,让幼儿能够想象出一个具体的画面。在播放音乐的同时,要随着乐曲的变化来讲述故事的情节发展,解释音乐中不同乐器的声音如何代表不同的角色或情绪。可以让幼儿参与进来,比如引导幼儿关注音乐中的情感变化,如快乐、悲伤、紧张、轻松等,并让他们尝试用语言表达自己的感受;让幼儿通过简单的动作或声音模仿音乐中的元素,或者让他们预测故事的下一步会发生什么。在音乐结束后,可以组织讨论,让幼儿分享自己听到的音乐和感受到的情绪，也可以谈谈故事带给他们的启示。通过这种方式，不仅能让幼儿更好地欣赏音乐，还能培养他们的听觉感知能力、想象力以及语言表达能力。同时，这也是一种寓教于乐的学习方式，有助于提高幼儿的艺术修养和个人素质。

案例分享

《小星星》

一、准备阶段

1. 选择合适的音乐

选取一首旋律简单、节奏明快且易于理解的音乐作品。例如，可以选择《小星星》的变奏曲，因为这首曲子旋律优美、变化多样，适合不同年龄段的孩子。

2. 准备辅助材料

可以准备一些与音乐相关的图片、玩具或道具，如星星、月亮的图片，或者小提琴、钢琴等乐器的模型。

二、实施步骤

教师引导："大家好！今天我们将踏上一场神奇的夜空之旅。准备好跟我一起探索星星和月亮了吗？太棒了！现在，请闭上眼睛仔细听我即将播放的音乐。这段音乐会给我们讲述一个关于闪烁星星的故事。"

三、播放音乐

开始播放《小星星》的变奏曲。

情境描述。随着音乐的开始可以说："想象我们现在躺在柔软的草地上仰望夜空。我们看到的第一颗星非常明亮，像钻石一样闪烁。你们能看到它吗？"随着音乐的继续可以说："更多的星星出现了。它们在以不同的方式跳舞和闪烁。有些星星移动得很慢，有些则很快。你们能看见它们的动作吗？"

四、鼓励互动

"现在，让我们用手来展示星星是如何移动的。"当音乐快的时候，快速挥动手；当音乐慢下来时，慢慢挥动手。当听到音乐中有响亮的部分时，拍手！

五、教师总结

"哇，多么精彩的旅程啊！有没有人愿意告诉我，在音乐中你们看到了什么或感受到了什么？你们看到天空中有什么特别的星星或形状吗？"

通过这种方式，幼儿能够在教师的语言引导下，更好地投入音乐中，并且通过身体动作参与到音乐活动中，增强了他们的听觉感知能力、视觉感知能力以及运动协调能力。同时，这也是一种很好的语言学习方式，因为在情境描述的过程中，幼儿会接触到很多新的词汇和

表达方式。

(三) 情感表达阶段

在幼儿音乐欣赏中，使用语言导入法来促进情感表达是一个综合性的教育过程。通过语言和音乐的结合，帮助幼儿更好地理解和表达自己的情感，是一种通过特定语言环境和情境描述，引导幼儿进入一个特定的情感或认知状态的教学方法。在幼儿音乐欣赏中，这种方法通过教师的语言引导，帮助幼儿在聆听音乐的同时，展开联想并表达音乐给他们带来的情感体验。

1. 情感表达实施作用

（1）情感共鸣：通过生动的语言描述，幼儿更容易与音乐产生情感上的共鸣，从而更好地理解和感受音乐所传达的情感。

（2）情感识别：可以帮助幼儿识别和定义音乐中的不同情感，如快乐、悲伤、惊讶等，增强他们的情感识别能力。

（3）情感表达：通过语言引导，幼儿可以用语言、肢体动作或面部表情来表达自己对音乐的感受，从而锻炼他们的情感表达能力。

（4）创造性思维：在情境描述中，幼儿可以发挥想象力，将音乐与自己的生活经验联系起来，促进创造性思维的发展。

（5）语言发展：在情感表达的过程中，幼儿会接触到更多与情感相关的词汇和表达方式，有助于他们语言能力的发展。

2. 实施步骤示例

（1）引入话题：通过简单的语言描述，引入一个与音乐相关的情境，激发幼儿的兴趣。

（2）播放音乐：播放选定的音乐作品，让幼儿沉浸在音乐中。

（3）情感引导：用语言引导幼儿注意音乐中的情感变化，并鼓励他们表达自己的感受。

（4）互动表达：鼓励幼儿用语言或动作来表达自己对音乐的感受。

（5）分享反馈：让幼儿分享自己的感受和体验，教师给予积极的反馈和支持。

通过音乐欣赏和情感表达，帮助幼儿认识和管理自己的情绪，有助于情感认知能力的健康发展；有助于提升幼儿的认知水平，特别是在专注力、记忆力和理解力等方面；有助于提高幼儿的艺术鉴赏能力和审美水平，培养其对艺术的兴趣和热爱；有助于幼儿在分享和讨论中学会倾听他人意见，增进同伴之间的交流和合作能力。幼儿音乐欣赏中的情感表达具有重要的教育价值，不仅能帮助幼儿更好地理解音乐，还能促进他们情感、认知和社会技能的全面发展。

(四) 角色扮演阶段

在幼儿音乐欣赏中引入角色扮演，可以极大地丰富幼儿的体验感，角色互动的设计也使音乐欣赏变得更加有趣。通过角色扮演，幼儿能够积极参与到音乐活动中，不再是被动的听众，而是主动的参与者。角色扮演能够激发幼儿的好奇心和创造力，让他们在扮演不同角色的过程中体验到乐趣，也可以帮助幼儿更好地表达自己的情感，并通过扮演不同的角色来体验不同的情感状态。在角色扮演时，幼儿能够更好地挖掘、理解音乐背后的故事或情境，从而加深对音乐的理解；幼儿需要使用语言来表达角色的特点和情感，这有助于其语言能力的发展；扮演中的互动，更有利于培养他们的社交技能及团队合作能力。

案例分享

《彼得与狼》的角色扮演活动

这是一部著名的交响音乐童话作品，由苏联作曲家普罗科菲耶夫创作。在《彼得与狼》中，七种乐器分别代表了七个角色，讲述了小男孩彼得和他的朋友们智斗恶狼的故事。如果你想要组织一场《彼得与狼》的角色扮演活动，下面就是一些具体的活动实施步骤。

一、活动前准备

（1）熟悉故事：首先，确保自己熟悉《彼得与狼》的故事内容，包括每个角色的性格特点和他们在故事中的作用。

（2）选择音乐：准备好《彼得与狼》的音乐录音，最好是有旁白解说版本的，这样可以帮助幼儿更好地理解故事的情节发展。

（3）角色分配：根据故事中的角色（彼得、爷爷、鸭子、小鸟、猫、狼、猎人）为幼儿分配角色。考虑每名幼儿的兴趣和特点，尽量让他们扮演自己喜欢的角色。

（4）准备服装和道具：为每个角色准备相应的服装和道具。例如，彼得可以用围巾或帽子，狼可以用面具和爪子手套等。

二、角色扮演流程

（1）故事导入：先播放一段《彼得与狼》的故事旁白，让幼儿了解故事背景和各个角色。

（2）角色介绍：逐一介绍每个角色，并说明他们的特点和在故事中的作用。同时展示每个角色对应的乐器，让幼儿了解乐器与角色之间的联系。

（3）角色练习：让幼儿穿上自己角色的服装，并尝试模仿各自角色的动作和声音。可以先进行小组练习，然后再集体表演。

（4）组织排练：按照故事情节的发展顺序，让幼儿按照剧本进行排练。在这个过程中，可以穿插音乐，让幼儿随着音乐的变化来表演。

通过这样的角色扮演活动，不仅能够让幼儿更加深入地了解《彼得与狼》这部作品，还能培养他们的表演能力和团队协作精神。

这些活动不仅能够增强幼儿的音乐欣赏能力，还能培养他们的语言表达能力和创造力。通过这样的互动式学习，可以让幼儿阶段的孩子们更加积极地参与到音乐活动中去。

第二节 视听结合法

视听结合法是一种综合视听元素的教学方法，在幼儿音乐欣赏中具有重要的作用。这种方法强调通过视觉和听觉的双重刺激来提高学习效果，特别是在音乐教育领域，它能够有效地帮助幼儿更全面地理解和欣赏音乐。幼儿音乐欣赏领域的教育内容主要包括倾听周围环境中的声音、欣赏音乐作品以及学习与音乐欣赏有关的简单知识和技能。在幼儿音乐欣赏中，教育者可以结合视听法，充分利用一切机会，自然地、有意识地引导学前幼儿倾听周围生活中的声音，丰富他们对声音的各种感性体验。

一、结合听觉刺激，增强幼儿对音乐的感受力和理解力

倾听是指用心聆听周围环境中的各种声音和乐器的音色。倾听是一种有意识的、主动的"留神听"，不仅需要发挥主观能动性，还需要有情感的投入。倾听是一种能力，需要有目的地加以培养。教师可以利用各种时间、场合，借助游戏的形式来培养幼儿的倾听能力，引导幼儿发觉各种场合里形形色色的声音。

倾听自然界中的各种声音：可以有意识地引导幼儿倾听自然界的各种声音，如风吹过树林的声音，脚踩落叶的声音，大雨哗哗落下的声音，山间小溪的流水声，小鸟清脆的啼鸣声以及小动物们的各种叫声等。教师可以把这些声音录下来，然后出示跟这些声音有关的图片，如大树、人和落叶、下雨、河流、小动物等，让幼儿把声音和图片进行配对。

倾听日常生活中的各种声音：吹风机的呼呼声，救护车的鸣笛声，自行车和电话的铃声，走路时皮鞋发出的声音，撕纸或翻书的声音，小朋友拍球或跳绳的声音，关门的声音等。

倾听人体发出的各种声音：如拍手声、跺脚声、捻指声、弹舌声、拍腿声、轻快的跳动声、喘气声、咯咯的笑声、抽泣声、打哈欠的声音、拍击各种物体发出的声音等。教师可以跟幼儿面对面坐在一起，让幼儿模仿教师发出各种声音，如拍手、跺脚、喘气、抽泣、打哈欠等；还可以不断增加难度，比如，教师背对幼儿，让幼儿仅仅依靠听觉来模仿教师发出的各种声音。

辨听各种乐器的音色：培养幼儿对各种乐器音色的感知和辨别能力是音乐欣赏教育的内容之一，教师应有意识地培养幼儿对各种乐器音色的听辨能力，包括键盘乐器（钢琴、手风琴、电子琴、管风琴）、管乐器（小号、圆号、长号、单簧管、双簧管、笛子、箫、笙、萨克斯）、打击乐器（鼓、铃鼓、沙锤、小锣、小钹、三角铁、响板）等不同乐器的音色。不同的乐器表现出不同的音色，传递出不同的情感。因此，丰富幼儿对乐器音色的感知可以提高幼儿对声音的记忆力和敏锐度，使幼儿能更好地感受音乐作品意欲表达的情感，是培养其

欣赏能力的重要手段。

（一）通过视听材料，帮助幼儿更好地记忆音乐作品的旋律、节奏和结构，促进其认知能力的发展

我们周围的环境充满了各种声响：鸟叫、蛙鸣、暴风的呼啸、雨水的滴答、汽车的鸣笛、飞机的轰隆等，这些声响连同人们日常的对话、吟唱的民歌等都是音乐家们进行创作的重要源泉。世界名曲《野蜂飞舞》《云雀》《雨滴》《田园》等就是艺术家们用高超的艺术手法表现出来的人类对自然声响的主观感受。专门为学前幼儿创作的深受他们喜爱的歌曲、乐曲中，也有许多模拟自然声响的成分，如幼儿所熟悉的动物或交通工具发出的声音等。如果能从小培养幼儿对周围生活中的各种声音的倾听兴趣和辨听能力，将会为他们欣赏音乐作品打下良好的基础。

案例分享

幼儿园大班："动物狂欢节"

一、教学目标

（1）培养幼儿对音乐的兴趣。

（2）让幼儿学会倾听和分辨不同乐器的音色。

（3）通过视觉教具加深幼儿对音乐主题的理解。

二、准备工作

（1）选择《动物狂欢节》中的几个片段作为欣赏曲目。

（2）准备与音乐片段相匹配的动物图片或简短视频。

（3）制作动物角色卡片。

（4）准备简单的乐器（如铃鼓、木鱼）供幼儿使用。

三、教学流程

1. 课程导入

（1）教师简要介绍《动物狂欢节》这部作品的背景故事。

（2）展示一幅森林的图画，讲述这里将会举行一场动物的狂欢。

2. 视听同步

播放音乐片段，同时展示对应的动物图片或简短视频。例如：播放《天鹅》这一段时，可展示天鹅在湖面上优雅游动的视频画面。

3. 互动讨论

（1）在播放每段音乐后，询问幼儿他们听到了什么乐器的声音。

（2）邀请幼儿分享他们认为这段音乐描绘的是哪种动物，为什么会有这样的感觉。

单元二 幼儿音乐欣赏方法指导

4. 角色扮演

（1）分发动物角色卡片，让每位幼儿选择一个自己喜欢的动物。

（2）指导幼儿模仿所选动物的动作和声音，在音乐背景下表演。

5. 游戏化学习

（1）使用简单的乐器模拟动物的声音，比如用铃鼓模仿青蛙鸣叫的声音。

（2）组织一个小型的"动物狂欢节"，让幼儿轮流演奏乐器，其他小朋友跳舞。

6. 创作活动

（1）提供彩笔和纸张，让幼儿根据听到的音乐和看到的画面画出自己心目中的动物狂欢节场景。

（2）鼓励幼儿分享他们的画作，并解释画中的细节。

四、反馈与总结

（1）教师对每位幼儿的表现给予积极的评价和鼓励。

（2）回顾本次活动中所学的内容，强调音乐与情感之间的联系。

天 鹅
节选自《动物狂欢节》

圣-桑

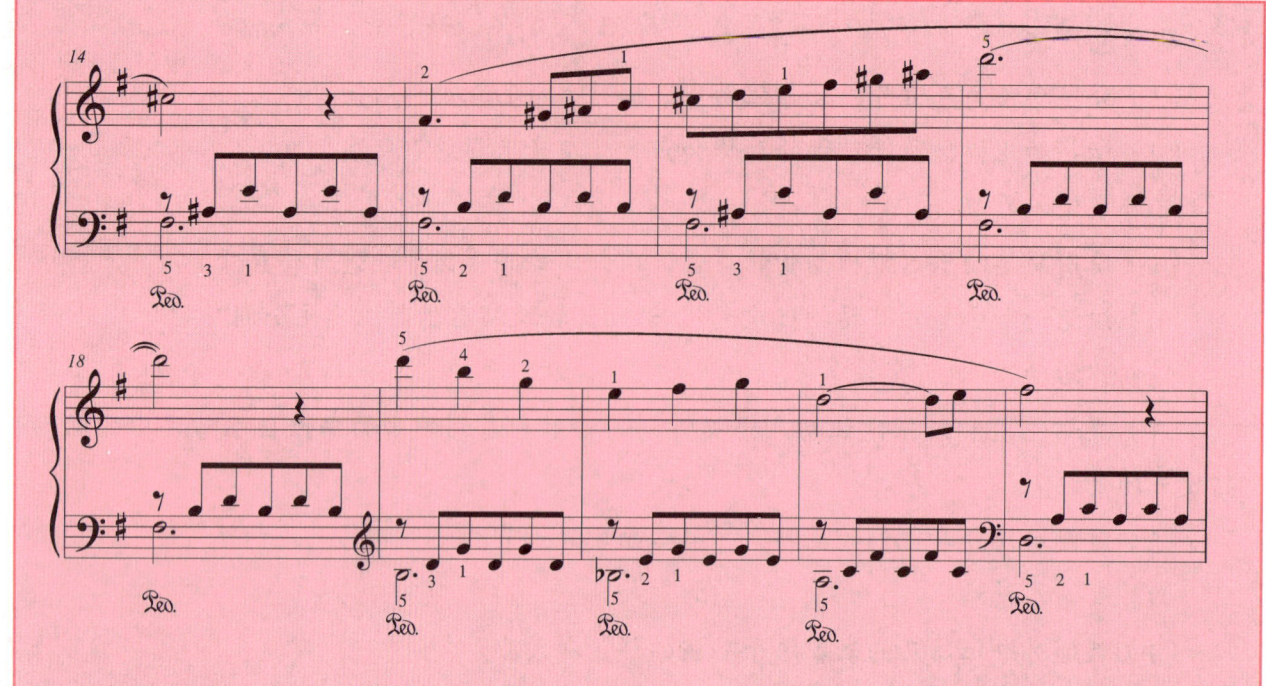

本案例展示了如何将听觉与视觉元素相结合，创造出一个富有创意和趣味性的学习环境。通过这种方式，幼儿不仅能够学习到音乐知识，还能提高他们的想象力和表达能力。

视听结合教学法中音乐作品选择的标准是应当具有较高的音乐质量和审美价值，要保证音乐素材的适切和风格的多样。具体要求包括以下两个方面。

（1）教师应该尽力为幼儿选择公认的优秀音乐作品，只有尽可能地让幼儿直接与音乐大师对话，才有可能尽早开发幼儿对优质音乐的敏感性。

（2）教师必须尽力选择最好的音响设备。只有音响的播放效果好，幼儿才有可能知道究竟什么样的音乐才是美好的，才有可能真正体会到它的美妙之处。

（二）通过用生动的画面配合音乐，帮助幼儿建立情感联系，加深对音乐作品的情感体验

可以为幼儿选取适合他们欣赏的歌曲。由于歌曲有歌词、背景和旋律，因此在一般情况下较容易为幼儿所接受。但是也有研究证明，幼儿不仅喜欢歌曲作品，还喜欢不带歌词的器乐作品。这是因为器乐曲音色丰富，表现手法多样，又没有具体歌词的局限，使幼儿有可能展开更生动、自由的联想和想象，因而为许多幼儿所喜爱。如果选择的素材是歌曲，则必须着重考虑歌曲的内容、曲调、情感能否为幼儿所熟悉、喜爱和愿意接受，尤其是歌曲中的歌词，应该是幼儿能够理解的。各年龄班欣赏的歌曲可以是本班即将学习的，也可以采用高一个年龄段的幼儿所唱的。此外，还可以向幼儿介绍一些他们能理解的民歌、童谣、名曲以及优秀的中外少儿歌曲等，如《听妈妈讲那过去的事情》（管桦词、瞿希贤曲）、《卖报歌》（安娥词、聂耳曲）、《只怕不抵抗》（麦新词、冼星海曲）、《小白菜》（河北民歌）、《春天来了》

（德国儿童歌曲）、《铃儿响叮当》（美国儿童歌曲）、《请来看看我们的农庄》（西班牙儿童歌曲）、《我的小鸡》（苏联儿童歌曲）等。在器乐曲方面，有的作品有标题，有的无标题。标题音乐一般有名称，有一定的内容、情节，往往描述某件事情的经过或某种情景，如《龟兔赛跑》《彼得与狼》等。比起无标题的音乐，它们具有一定的画面性和戏剧性，有助于幼儿展开想象和联想，也便于教师在设计教育活动时找到幼儿熟悉和喜爱的形象。

（三）通过展示不同文化和时期的音乐与艺术作品，帮助幼儿扩展文化视野，增加他们对多元文化的认识

当然，有一些器乐曲，虽无标题，但旋律优美、节奏鲜明、结构单纯工整、长度适中，因此一直以来都颇受人们的喜爱。在世界音乐艺术的宝库中有许多这类的作品，其也可作为理想的幼儿音乐欣赏的对象。器乐曲有如下常见种类：有由优秀歌曲改编而成的器乐曲，如《森吉德玛》（贺绿汀根据蒙古族民歌改编）、《茉莉花》（根据江苏民歌改编）、《海滨之歌》（根据日本民歌改编）、《洋娃娃和小熊跳舞》（根据波兰儿童歌曲改编）、《夏天里过海洋》（根据意大利歌曲改编）等；有专门为幼儿创作的简单器乐曲，如《滑梯》（顾嘉琳曲）、《跳绳》（丁善德曲）、《扑蝴蝶》（丁善德曲）、《青蛙合唱队》（汤普森曲）、《熊跳舞》（卡尔·海迪曲）、《狮王进行曲》（圣-桑曲）、《我和小蚊子跳舞》（李亚多夫斯基曲）、《小士兵进行曲》（舒曼曲）；有专门为幼儿创作的音乐童话片段，如《龟兔赛跑》（史真荣曲）、《骄傲的小鸭子》（周群烈曲）、《彼得与狼》（普罗科菲耶夫曲）等；还有中外著名音乐作品或其中的片段，如《金蛇狂舞》（聂耳曲）、《瑶族舞曲》（刘铁山等曲）、《钟表店》（奥尔特曲）、《口哨与小狗》（普莱亚曲）、《铁匠波尔卡》（约瑟夫·施特劳斯曲）、《玩具兵进行曲》（耶塞尔曲）、《土耳其进行曲》（贝多芬曲）、《卡门序曲》（比才曲）、《梦幻曲》（舒曼曲）、《赛马》（黄海怀曲）、《快乐的罗嗦》（张式业编曲）、《阿细跳月》（秦鹏章编曲）、《万马奔腾》（齐·宝力高曲）、《老虎磨牙》（传统乐曲）等。

二、为幼儿节选改编音乐作品的方法

我们也发现，大量中、外著名音乐作品，以及一些为大龄儿童创作的音乐童话过于复杂，与学前幼儿的接受能力不符。因此，教师通常还要对所选的音乐作品进行一定的节选或改编工作。一般情况下，需要做的是将长而复杂的结构删减压缩为短小简单的结构。经常使用的节选改编方法有以下两种。

1. 节选片段

节选片段即截取作品中相对独立的片段。比如，《狮王进行曲》引子和《水族馆》作为两首独立的欣赏乐曲，都是从圣-桑的管弦乐作品《动物狂欢节》组曲中节选出来的。再如，贝多芬第九交响曲第四乐章中的《欢乐颂》主题，海顿第九十四交响曲第二乐章中的《惊愕》主题，约翰·施特劳斯《拉德茨基进行曲》ABA结构中的A部分，刘铁山、茅沅《瑶族舞曲》

中第一乐段的第一主题等,都采用了节选的改编方法。节选后的音乐片段结构相对完整,有圆满的结束感,形象鲜明生动,长度也比较适中,完全可以满足幼儿的欣赏要求。

欢 乐 颂

【德】贝多芬

2. 压缩结构

压缩结构即删减作品中的某些部分，将另一些相对独立的片段摘选出来，再重新拼接而成。如聂耳的《金蛇狂舞》，原作品的结构是：引子—A-B-A—引子—A-B-A-A。现将其中的重复部分删去，就构成了"引子—A-B-A"的新结构，实际上也就是将原曲压缩成了一个单纯的带有引子的单三部曲式。再如奥尔特的《钟表店》，原作品的结构是：引子—A-B-A—过渡—C-A—尾声。在为3~4岁幼儿选择音乐时，可以只选其中的"引子—A—尾声"；在为4~5岁幼儿选择音乐时，可以只选"引子—A-B-A—尾声"；在为5~6岁幼儿选择音乐时，可以将C段中的其他部分删除，仅保留其中的慢板部分，并以这个慢板部分代替原结构中的C段音乐，构成一个新的"引子—A-B-A—过渡—C-A—尾声"结构的作品。这些作品经压缩以后，结构变得单纯、清晰，长度变得较为适中，也就比较容易为学前幼儿所接受了。

金蛇狂舞

类似经过节选或压缩处理的音乐作品还有很多,如《土耳其进行曲》《挪威舞曲》《啤酒桶波尔卡》《铁匠波尔卡》《龟兔赛跑》《红绸舞》《北风吹》《扎红头绳》等。经过缩编以后,这些乐曲的篇幅变得较短小,结构也变得较为单纯。这样,一方面有助于幼儿欣赏到大量真正的艺术作品,扩大其欣赏范围,另一方面也考虑了所选作品对于幼儿来说的可感性和可接纳性。

当然,在为学前幼儿的音乐欣赏活动选择音乐作品时,除了要考虑每一首作品是否符合特定的要求,还要考虑所有作品是否符合幼儿教育的总体要求,即作品的内容、形式、风格是否丰富多样,比例结构是否合理。比如,从内容角度出发,应广泛包含反映社会、大自然以及幼儿生活和内心世界的作品;从表演形式角度出发,应广泛包含形式多样的歌曲和各种类型的器乐曲;从历史文化角度出发,应广泛包含不同时代的中外优秀作品以及民间音乐。

拓展延伸

为有效提高幼儿倾听能力而需掌握的音乐欣赏的简单知识

幼儿园音乐欣赏活动的目的在于培养幼儿对音乐的兴趣和爱好,逐步扩大其音乐视野,丰富其音乐知识,使幼儿能够不断积累音乐经验,提高对音乐的辨听能力和想象力,进而提高对音乐的理解能力。同时,音乐欣赏可以带给人美的感受,接受美的教育能促进幼儿身心的和谐发展。音乐欣赏是一个将感知、理解、想象、联想相结合的过程,在这个过程中,教师不仅要调动幼儿的听觉,也要激发他们根据自己的生活体验去展开想象和联想,从而在音乐中获得美的享受。要想让音乐欣赏取得好的教学效果,教师可以教给幼儿如下一些简单的欣赏音乐的知识和技能:

了解音乐作品的名称、主要内容及常见表演形式;

了解常见乐器的名称和乐器的音色特点,了解常听人声的特点;

能听出并理解音乐作品所包含的情绪、内容、形象以及作品的主要结构;

能根据音乐作品的旋律及内容展开想象、联想;

能运用不同的媒介如动作、语言、绘画等来表达对音乐的感受。

第三节 故事化教学法

故事化教学法是指教师通过讲故事的方式,使幼儿获得对音乐作品的初步印象,并进一步了解其主要内容和情绪性质的过程。故事化教学法是一种非常有效的方法,它能够帮助幼儿更好地理解音乐作品，激发他们的想象力和创造力。针对幼儿的音乐欣赏，采用音乐与叙事相融合的故事化教学方法尤为重要，因为这一阶段的孩子们对故事和音乐都充满好奇与喜爱。故事化教学法可采取以下几种方式。

一、初步欣赏并感知音乐作品的主要内容和情绪

教师通过谈话、交流、讨论、讲解、说明和提示等方式，有效地引导幼儿集中注意力，让幼儿在欣赏前做好一定的心理准备，把幼儿的情绪、情感引向与作品内容相一致的方向。引导性谈话的形式、方法灵活多样，教师可根据音乐作品的内容和乐理特点，幼儿的年龄特点、接受能力及其已有的音乐欣赏经验来组织。

案例分享

在欣赏《狮王进行曲》时，教师可以先进行语言导入活动。

"今天我们来听一首描绘森林动物的音乐，请小朋友们仔细听，然后说说这首音乐表现的是什么动物，还要说出你为什么觉得是那种动物。"鼓励幼儿通过自己的聆听和想象去感受音乐作品的形象，这种提示比直接告诉幼儿作品的标题更能引起幼儿的好奇心和兴趣。聆听一遍作品之后，教师启发幼儿用简短的语言说说他们的感觉以及为什么会有这种感觉。幼儿可能有各种不同的感觉和理解，不必强求一致，将幼儿对音乐作品的感受同作品的要素以及表现手法联系起来。然后，引入"狮王"的话题，让幼儿说说在动物园或者电视上是否看到过狮子，知不知道狮子是森林之王。在进行引导性谈话时，也可以选择先告诉幼儿作品的名称，再介绍具体的形象、作品的内容及主导的情绪性质。

一般来说，不适宜采用漫无边际的提问方式，这很容易引起幼儿对音乐作品内容的误解。

二、运用具体直观的视觉形象帮助幼儿理解音乐作品的内容、结构

幼儿尚处于直观形象思维阶段，他们对事物的理解往往要通过具体的表象来进行。为了帮助幼儿更好地感受和理解音乐作品，教师可以借助图片、幻灯片或者直观的教具等视觉形象，帮助幼儿掌握音乐的性质、旋律、节奏和曲式的结构特征等。

下面我们以大班幼儿的欣赏曲目《单簧管波尔卡》为例来进行作品分析。

单簧管波尔卡

卿烈军编曲
【波】普罗修斯卡曲

《单簧管波尔卡》是一首深受人们喜爱的单簧管独奏曲。"波尔卡"是起源于捷克民间的一种二拍子的快速圆圈舞。作品是"引子—A-B-A-C-A"的结构，在钢琴奏出三个响亮有力的和弦之后，单簧管以坚定明亮的音色，快速地奏出第一主题，该主题反复一次后，出现第二主题，这个主题的调性从降B大调转为F大调，在旋律上虽然和第一主题没有十分明显的区别，但三连音的运用使音乐显得更加活泼。接着第一主题再次出现，然后出现第三主题，这个主题由四个乐句组成，具有较强的抒情性和歌唱性。在调性上从降B大调转为降E大调，与第一主题形成鲜明的对比。该主题轻松活泼、风趣诙谐、旋律流畅，给人以一气呵成之感。整个部分的乐句工整，节奏具有明显的向前跳跃、滚动的感觉。C段的节奏拉开后，整个曲调显得更加悠扬而欢畅。最后，第一主题又一次出现，乐曲结束。

三、通过讲故事、朗诵诗歌等方式帮助幼儿理解和感受音乐作品的内容和情绪

有些乐曲附有作品的文字介绍，例如《骄傲的小鸭子》这部作品在乐曲演奏前就有一段生动的朗诵，介绍了乐曲的内容。教师也可以根据自己对作品的理解，自编小故事来向幼儿作介绍，引导幼儿的欣赏。值得注意的是，教师所选择的故事、散文、诗歌、民谣等应该主要使用富有想象力和情感的词句以及结构优美的文学性语言，尽量不用或少用理性的、分析性的语言。注意不要喧宾夺主，重点应放在对音乐的理解和欣赏上面，故事的讲述只起到锦上添花的作用。

以中班幼儿的音乐欣赏作品《梦幻曲》为例。《梦幻曲》是德国作曲家舒曼在1838年创作的钢琴套曲《童年情景》中的第七首。由于它如诗如梦的优美旋律能使人想起幸福美好的童年生活情景，此曲深受欢迎，还常常被抽出来改编成各种乐器的独奏曲。全曲由对四小节上行后再逐渐下行这一旋律变化的八次重复构成。它那渗透着宁静、冥想色彩的缓慢速度，柔和平稳的节奏，温暖细腻的旋律线都极易使人产生舒适的梦幻感觉。特别是为小提琴改编的独奏版本，小提琴那清纯甜美的音色使乐曲的意境更加亲切感人。

文学作品《梨子小提琴》也是一个很好的例证。这部作品由著名的儿童文学作家冰波所著，讲述了一个充满想象力又十分温馨的故事，故事的主要情节围绕一把由梨子制成的小提琴展开。

小松鼠捡到了一只大梨子，它把梨子切开来做成了一把小提琴。琴声传得很远、很远，这样好听的音乐，森林里从来没有过。

狐狸听到了琴声，对小鸡说："我不捉你了，我要去听音乐。"狮子听到了琴声，对兔子说："我不追你了，我要去听音乐。"动物们都来到松树下听小松鼠拉琴。拉呀，拉呀……星星也来听，月亮也来听，森林里美好又安静。

突然，小提琴上掉下来一粒东西。"咦？这是什么呀？"小松鼠说："这是从小提琴上掉下来的一个小音符。"第二天，地里长出了一棵小绿芽，它多像一个小音符哇！

小绿芽很快长成了一棵大树，树上结了很多很多梨子。这些梨子呀，都被做成了小提琴。森林里到处可以听到音乐，到处都有快乐。

如果说舒曼的音乐具有诗的意境，那么冰波的这部作品更具有音乐的意境。该作品通过诗情画意的描述，将梨子、小提琴、音乐与拟人化的小动物之间的友好关系巧妙地联系在一

起，充满了儿童般天真烂漫的幻想，语言也富于音乐的韵律感和节奏感。

上述音乐作品《梦幻曲》和文学作品《梨子小提琴》虽然是由不同的符号予以呈现的艺术佳作，但两者的情感基调是相似的，都具有一种梦幻般的色彩，都描绘了一种和谐美好的人与人之间的关系，在欣赏的过程中也都会使人产生相类似的情绪体验，因而可以将两者匹配呈现。教师可以用抒情优美的声调和梦幻般的表情在背景音乐中念诵《梨子小提琴》，并注意在音色、音量、语气、语速等方面与乐曲所渲染的梦幻般的情调保持一致（注意千万不要用戏剧化的声调来表现故事中的人物），做到始终保持并烘托这种梦幻的氛围，从而帮助幼儿将由音乐欣赏所激发的内心体验表达出来。在此基础之上，注意与幼儿进行交流互动，以达到帮助幼儿体验和享受音乐所表现的如诗如梦般浪漫意境的目的。

四、通过演示或播放视频的方式，帮助幼儿理解音乐作品的情绪和性质

有些音乐作品是对某种游戏活动的描画，教师可以随着音乐的进行演示这种活动，以帮助幼儿较快地掌握音乐作品的内容及情绪特点。例如，在欣赏作品《拍球》时，教师可以随着音乐的节拍来拍球，根据作品旋律的起伏、强弱的变化、乐曲结构的变化而改变拍球动作的幅度、力度及方向，以使幼儿更好地感受乐曲的节奏、结构特点及情绪起伏等。多媒体课件及视频在幼儿音乐欣赏教学过程中的运用越来越广泛，且深受幼儿喜爱，其鲜艳的色彩及动态的画面使幼儿能深入地感受音乐作品所表达的情感内容。在让幼儿初次欣赏一首音乐作品时，各种教学手段的运用都应该有明确的目的。应紧扣作品主题，语言要简洁、生动、切题而富有启发效果，既要能引起幼儿相关的想象及联想，又不能规定幼儿一定要想什么。所借助的辅助手段要与音乐的节奏、旋律、情感等特征相吻合，防止分散幼儿对音乐作品本身的注意力。

五、重复深入欣赏，理解音乐作品的风格，迁移学习经验

幼儿音乐欣赏通过让孩子们体验不同的音乐风格，使其能够逐步在不同风格之间建立联系，理解音乐的不同表达方式。在幼儿初步感知音乐作品之后，教师要变换各种方式，反复深入地引导幼儿对作品进行欣赏，只有在不断重复、不断变化的过程中，幼儿才能更加完整、全面、深入、细致地感知音乐作品的美，并能够记忆和识别音乐作品的主要音调和风格特征。

（一）多元化的音乐感受，让幼儿获得对各种音乐风格和体裁的体验

介绍各种音乐风格的文化背景，让幼儿了解音乐不仅是声音的艺术，还承载着历史、传承着文化。适合幼儿欣赏的音乐风格包括古典音乐、民间音乐、流行音乐等。可以通过重复欣赏音乐作品来深化审美的效果。要求幼儿在掌握音乐作品的主要内容和情绪性质的同时，感受和理解音乐的情感表达作用，比较完整、全面地感知音乐作品，并记忆、识别音乐作品的主要音调。

在重复欣赏音乐作品之前，教师要提出新要求，如再次欣赏乐曲《啄木鸟》时，教师可

以进一步要求幼儿感知作品结构，并提问："作品的曲调是不是始终一样的？开头部分表现啄木鸟在做什么？中间部分的曲调怎么样？表现啄木鸟在做什么？最后一部分的曲调和哪一部分相同？"

启发幼儿利用已有的知识、经验来感受、理解音乐的表现手法，是教师指导幼儿欣赏的重点。教师可以启发幼儿主动联想作品所表现的内容，结合实际生活经验感受作品中各种表现手法所表达的感情内容。

（二）多样化的音乐素材，激发幼儿的音乐兴趣

选择一些适合幼儿年龄特点的不同风格的音乐，如古典音乐、爵士乐、摇滚乐、民谣等，会更容易引起他们的兴趣，如《小鸟的歌》和《大象走》等。教师可以为不同风格的音乐作品编配有趣的故事，通过讲故事的方式引入音乐作品的欣赏。对比欣赏可以在同种风格的作品中进行，如进行曲类：《解放军进行曲》威武雄壮，气势磅礴；《骑兵进行曲》快速而跳跃，有策马向前的气魄；《运动员进行曲》则表现了运动员精神抖擞、斗志昂扬的情绪。

（三）音乐作品中的"风格迁移"，激发幼儿的想象力和创造力

用对比的方法欣赏音乐，可引导幼儿对相同体裁、风格的乐曲进行归类，提高对某一类型乐曲的理性认识，如中、大班幼儿可以对进行曲、摇篮曲、圆舞曲进行归类。掌握这三种乐曲的特点后，幼儿会把这些知识迁移到欣赏新的同类音乐作品上去。这种方法有助于培养幼儿独立、主动地欣赏音乐的能力，提高其音乐素质。

幼儿对音乐的理解往往难以用语言来清楚表达，但可以通过动作和图画来反映。为了提高幼儿欣赏音乐作品的主动性和积极性，满足幼儿充分展示其在音乐欣赏活动中愉悦心情的需要，教师应引导幼儿通过各种活动形式综合表达对音乐内容的认识。教师应设计各种活动，启发幼儿运用多种感知觉参与欣赏活动，包括听觉、视觉和运动觉等。需要特别指出的是，教师要允许幼儿的动作有较大的自由度和创造性，多鼓励幼儿自己想象、发挥，不强求动作的一致，只要同音乐的情绪相吻合即可。

案例分享

意大利民间音乐《美丽的乡村》（又名《啄木鸟》）

此曲结构为A-B-C，每段4个乐句，给中班幼儿欣赏时，教师可提供一张自己设计的结构图。在欣赏过程中，应将听觉、视觉、触觉等多种感观活动同步进行。全曲大致分为三段：A段为（1）至（16）小节，B段为（17）至（23）小节，C段为（24）小节至结束。

欣赏A段时，教师持教具"啄木鸟"轻轻抚摸树干，自上而下、从左至右，每个乐句抚摸一棵树。

欣赏B段时，教师持教具"啄木鸟"啄虫眼，顺序同A段，每个乐句啄一个虫眼。

> 欣赏C段时，教师持教具"啄木鸟"抚摸树冠，顺序同上，每个乐句摸一棵树的树冠。
>
> 多数幼儿在活动两三次后，能在没有教师和结构图的帮助下，跟随音乐自主做动作，且基本能反映出音乐的结构，体验到啄木鸟对树木关心、爱护的情感和热爱劳动的愉快心情。
>
> 在第二阶段的欣赏活动中，教师要让幼儿重复地听，使幼儿全面、完整地感知作品，在了解作品概况的基础之上，掌握作品的各个细节。教师在设计音乐欣赏的方式方法时，应注意灵活多样，重在启发幼儿的创造性。通过系列课题，复习、巩固并检查音乐欣赏的效果。

对于幼儿欣赏过的音乐作品，经过一段时间后教师可以引导幼儿进行再欣赏。这一方面是为了复习，以加深、巩固对音乐作品的印象；另一方面是为了检查欣赏的效果，检查幼儿记忆作品的情况，是音乐欣赏活动的继续。

六、检查幼儿音乐欣赏效果的方法

可以采取多种方法检查幼儿音乐欣赏的效果，这些方法是在评估幼儿能否享受音乐、理解音乐的基本概念以及他们对音乐的兴趣程度。

首先，让幼儿欣赏音乐作品，观察他们的反应。反应表现在幼儿听音乐过程中的各种活动。观察幼儿在倾听音乐或参与音乐活动时的行为和反应，看他们是否会随着音乐摇摆身体，或者表现出对某种乐器或音乐风格的兴趣；能否有兴趣地听完；面部表情、身体姿态及手脚动作怎样等。

其次，欣赏活动结束后，让幼儿自己用语言、动作来表述，说出音乐作品的名称、内容及主要表现手法的作用。通过与幼儿的互动来了解他们的感受，问一些简单的问题，比如"你喜欢这首歌吗"或者"这首歌让你感觉怎么样"。也可以对欣赏作品的片段进行辨认，让幼儿说出该作品的主要内容和情绪；对欣赏歌曲的旋律进行辨认，让幼儿说出是哪首歌曲，并模仿听到的节奏或旋律，这不仅可以检验他们的辨听能力，还能培养他们对音乐的记忆及理解能力。

最后，组织小范围的集体讨论，让幼儿分享他们喜欢的歌曲，并解释为什么喜欢。这有助于促进幼儿之间的交流，也能从同伴那里获得有益的反馈。让中、大班幼儿欣赏一些体裁、风格相似的新作品，检查幼儿在音乐欣赏方面的迁移能力。

检查幼儿音乐欣赏的效果是幼儿音乐欣赏教育活动中的重要环节，它有助于教师了解欣赏活动的情况，以便及时调整教育方法，改进欣赏教育活动。

案例分享

案例一　大班音乐欣赏活动：《半个月亮爬上来》

一、活动目标

（1）欣赏歌曲《半个月亮爬上来》，感受歌曲优美、恬静的意境，初步了解歌词内容，并学习在歌曲每一句的句末加入伴唱。

（2）通过听歌曲、看录像、给图片做标记等活动，了解歌曲并体验歌曲的美。

（3）愿意参加欣赏活动并积极表达自己的感受。

二、活动准备

（1）制作好的以"一轮弯弯的月亮挂在树梢上"为题的教学PPT。

（2）准备歌曲《半个月亮爬上来》以及与歌曲内容相关的图片。

三、活动过程

1.欣赏歌曲《半个月亮爬上来》

（1）听歌曲，体会歌曲意境。

（2）再次听歌曲，边听边在图片上做标记。

①听歌曲，在图片上做标记。

教师说："这里有一张图片，图片上面有些什么呢？请小朋友们一边听歌曲一边用笔在图片上做标记，歌里唱了什么，小朋友们就在相应的图画上打'√'，比如歌里唱了月亮，你就在月亮上打'√'。"

②听完后讨论。

教师询问幼儿歌曲里都唱了些什么，并带领幼儿进行模唱。

（3）再次听歌曲（在幼儿听的过程中，教师有意识地展示图片，进一步让幼儿理解歌词的内容）。

2.儿童学习在歌曲中加入伴唱

案例二　大班音乐欣赏活动:《在钟表店里》

一、活动目标

（1）通过欣赏乐曲，引导幼儿感受乐曲欢快活泼的情绪。

（2）帮助幼儿感受音乐形象并了解乐曲三段体的曲式结构。

（3）培养幼儿对音乐欣赏及音乐表现的兴趣。

二、活动准备

（1）幼儿已经观察过的各种实体钟表、根据乐曲旋律绘制的图谱一幅、各种小动物头饰（头饰数量应与幼儿人数相等）。

（2）教师自编小故事《在钟表店里》。

三、活动过程

（1）出示图谱，讲述故事《在钟表店里》，导入课题。

（2）完整欣赏，引导幼儿初步了解乐曲旋律及结构。

（3）分析理解、想象创作。欣赏A段音乐，师生共同模仿一种小动物走路。

（4）播放乐曲，让幼儿分组进行随乐表演。

课后实训

1. 咬字练习"绕口令"

板凳宽，扁担长，

扁担没有板凳宽，板凳没有扁担长。

板凳不让扁担绑在板凳上，扁担偏要绑在板凳上。

2. 讲故事

在抗日战争时期，冼星海创作的《黄河大合唱》极大地鼓舞了士气，成为全民抗战的精神象征。引导幼儿聆听歌曲并深入理解《黄河大合唱》的歌词内容，了解每一段落的音乐特色，并让幼儿根据音乐片段进行情景描述。

第四节　动作反应法

一、幼儿韵律活动能力的发展

韵律活动是幼儿喜欢的音乐活动之一，在学前儿童的音乐活动中，音乐与身体动作常常是不能分开的。伴随音乐进行的身体活动，不仅是学前儿童学习舞蹈、学习音乐的最自然的方式，而且是学前儿童体验和表达情感的最自然的方式之一。在日常生活中，我们可以看到幼儿一听到自己喜欢的音乐就会手舞足蹈，这是他们对音乐最自然、本能的反应。身体的动作是他们感受音乐、享受音乐、形成音乐概念、掌握音乐技能的重要途径，是他们接触自己天生的身体节奏和发展肌肉力量的有效方式。因此，幼儿园韵律活动在展示幼儿动作的协调性、随乐性、表现性，培养幼儿的想象力和创造力，提高幼儿的参与积极性等方面有着重要作用。学前儿童韵律活动能力的发展可以从以下几个方面来描述。

（一）动作

随意的身体动作可以分成非移位动作和移位动作两种。非移位动作是指原地动作，如拍手、伸展、弯腰、摇晃和摆动。移位动作是指那些在移动身体位置的过程中做出的动作，如慢走、快走、双脚跳等。幼儿最先发展的动作是非移位动作，因为非移位动作对身体平衡、重心保持的要求较低。随意的身体动作还可以分成单纯动作和复合动作。在良好的教育影响下，3~4岁幼儿能逐步学会自由地运用手、臂和身躯来做各种单纯动作，能逐步用稍快的速度完成这些动作。4~6岁幼儿，可以学会做比较精细的腕部、指部动作，可以随心所欲地根据需要变化上肢和躯干的动作速度和幅度，可以做出比较复杂、更加协调的复合动作，如在做摘果子的动作时，腰部、胸部、头部和眼睛都能协调地配合臂和手的动作。

（二）随乐能力

随乐能力在此是指在进行韵律活动的过程中使动作与音乐协调一致的能力。3~4岁幼儿用动作跟随节奏的能力一般会经历以下三个发展阶段。

第一阶段，幼儿不注意音乐的进行，只是把音乐作为一种做动作的信号或者背景。

第二阶段，幼儿初步懂得注意音乐的进行，并能努力地使自己的动作与音乐的节奏一致。

第三阶段，幼儿逐步从注意力高度集中的情况下解脱出来，动作逐步变得更轻松、自然，节奏的均匀性、稳定性也慢慢提高。

4~6岁幼儿韵律活动的随乐水平有了较明显的提高。他们能较敏锐地用动作反应音乐速度和力度的变化，还能对音乐的结构做出比较细致的反应。例如，对于乐段和乐句的开始与结束、乐句之间的重复或变化关系等，他们都能用动作的重复或变化来表示。

（三）合作协调

韵律活动中的合作协调主要是指运用动作与人配合、沟通。进入幼儿园以后，在良好教育的影响下，3~4岁幼儿能够很快学会"找个同伴一起来跳舞"。他们一般都会通过观察对方的脸部表情和体态表情，判断对方是否可以成为共舞的同伴，他们还会通过运用及调整自己的脸部表情和体态表情，邀请对方与自己共舞。4~6岁幼儿可以获得更多的合作表演经验，他们能够主动追求和同伴一起跳舞的快乐。他们能够完全不借助语言而迅速地找到共舞的同伴，而且能够用一种宽容的态度对人，一般不挑剔舞伴或拒绝别人的邀请。

（四）创造性表现

创造性表现在此是指在进行韵律活动的过程中，运用动作创造性地表达自己的想法和对音乐的理解及感受的活动。3岁末期，大部分幼儿能够运用动作表现自己的日常活动和自己所熟悉的成人日常活动，能够学会用与他人不同的动作表现熟悉的动物、植物、交通工具，能够学会运用动作表现音乐带来的想象和联想。如听到四拍子的进行曲时学解放军走路，听到三拍子的圆舞曲时学仙女跳舞等。4~6岁幼儿，在良好的教育影响下，能学会一些最基本的舞蹈语汇和创编舞蹈的基本方法。例如，同样是走步，他们能用动作区分出是小朋友还是老爷爷；同样是跳舞，他们能用动作区分出是汉族舞蹈还是新疆舞蹈。

良好的韵律活动不仅能发展儿童的音乐表现能力，还能培养他们对韵律活动的积极态度，让他们对音乐作品产生广泛的兴趣爱好，增强自信心和表现力。

二、幼儿园韵律活动教育的内容

在幼儿园中，幼儿不仅可以学习表演由教师或其他成人专门为幼儿创作的韵律活动作品，也可以创造性地用身体动作进行自我表达。学前儿童韵律活动教育的主要内容包括韵律动作、韵律活动的类型、韵律活动的表演形式、韵律活动的知识技能、韵律活动的常规要求等。

（一）韵律动作

幼儿园音乐教育中采用的韵律动作一般可分为三类：基本动作、模仿动作和舞蹈动作。

基本动作主要是指幼儿的生活动作，如走、跑、跳、摇头、点头、弯腰、击掌、招手、抓握等。

模仿动作是指幼儿在表现外界事物和人的形态以及运动状况时所用的身体动作。幼儿可以模仿自然现象、动植物的形态，如刮风、下雨、鸟飞、鱼游、花开、树长等；可以模仿日常活动的动作（如洗脸、刷牙等）和成人活动的动作（如撒种、骑马、采茶、开飞机、开火车等）。

舞蹈动作是人类在从事舞蹈活动的几千年中，经过多年的演化和进步而积累下来的艺术表演动作。幼儿舞蹈动作的学习主要是通过模仿和练习：部分动作是在幼儿园中从教师或其他幼儿身上习得，部分动作是从社区文化活动的现场或从大众传媒中习得。学前儿童学习的舞蹈动作主要是一些基本舞步。如3~4岁学习走步、小碎步、小跑步；4~5岁学习蹦跳步、踏跳步、踵趾小跑步、侧点步；5~6岁学习进退步、交替步、跑跳步、十字步等。此外，一些简单的上肢动作，如两臂的摆动和划圈也在学习的范围之内。

（二）韵律活动的类型

根据动作的含义及表达的方式可以将幼儿园的韵律活动类型分为律动、歌表演及伴随音乐进行的动作表演游戏等类型。

1. 律动

律动是指有规律节奏的身体动作，是让幼儿根据音乐的性质、节拍、速度等有规律地、反复地做一个动作或一组动作，在幼儿园里又被称为"听音乐做动作"。这些身体动作主要是基本动作和模仿动作，旨在表现各种事物具有的特征和规律，以律动的形式予以提炼、加工，并用形象的音乐加以伴奏，形象鲜明、律动感强、动作单一、富有情趣。律动的目的是发展幼儿的模仿能力，培养节奏感，训练动作的协调能力，丰富和发展他们的想象力和创造力，使幼儿的身心得到健康的发展。

根据表达的内容，律动又可以分为以下几类。

（1）基本动作律动，如《加沃特舞曲》就是采用基本动作来设计的律动。

加沃特舞曲

戈赛克

（2）模仿动作律动。

模仿动作律动大致有以下几类。

①动物律动，如马跑、兔跳、鸭行等。

②大自然、植物律动，如星星闪烁、刮风下雨、小树长大、鲜花开放等。

③生活律动，如洗脸、刷牙、踢球、打气、骑马、打鼓、织网、采茶等。

④机械律动，如火车开动、宇宙飞船起飞、陀螺转动、汽车发动等。

律动的特点是动作较为简单且多重复，采用的音乐也是曲调欢快、乐句工整、短小明快、节奏鲜明且富动作性，容易被幼儿理解并激发其兴趣。

案例分享

韵律活动："小动物走路"

动作说明：

1~2小节：双手扮作小兔耳朵在头上竖起，身体左右摇摆两次。

3~4小节：双膝弯曲向上轻轻跳三下。

5~6小节：身体扮作小鸭子，双臂伸直在胯旁，压掌，双脚外八字，双膝弯曲下蹲，胸提起。

7~8小节：学小鸭子走三次。

9~10小节：双肘弯曲在头的两侧，扮作乌龟的前脚掌。

11~12小节：同手同脚向前走三步。

13~14小节：双腿并拢弯曲，双手做摸胡须状，向两边打开，张望两次。

15~18小节：双手扮作前脚掌，往前走四步。

小动物走路

陈镒康词
汪　玲曲

1=E 2/4
中速、稍快

```
1 3  3 | 1 3 | 5 5 5 5 | 5 0 | 1 2  2 | 1 3 |
小兔 儿 走 路   跳跳跳跳 跳，  小鸭 子 走 路

5 6 5 6 | 5 - | 7 2  2 | 1 3 | 5 6 5 6 | 5 - |
摇 摇 摇，       小乌 龟 走 路   爬 爬 爬，

2 4  4 | 1 3 | 7 0 | 2 0 | 1 - | 1 0 ‖
小花 猫 走 路   静  悄   悄。
```

2. 歌表演

歌表演是以唱为主、以动作为辅的一种载歌载舞的幼儿歌舞形式，在童谣、歌曲的演唱过程中配以简单形象的动作、姿态、表情，帮助幼儿感受并表达歌曲的内容和音乐的形象，边唱边表演，动作一般随歌曲或童谣同步始终。它的主要目的是培养幼儿保持动作与音乐表演的和谐一致，同时也培养幼儿动作的协调性与节奏感，加深对歌词的理解和感受，提高其对舞蹈动作的记忆力、想象力和表现力。

3. 伴随音乐进行的动作表演游戏

动作表演游戏是以发展音乐能力为主要目的的游戏，把音乐元素融入游戏中，让幼儿在听听、唱唱、动动、玩玩中增强节奏感，提高辨别音乐性质的能力，提升动作的协调性，发展想象力、创造力，进而获得愉快的情绪。幼儿在游戏过程中可以边玩边唱好听、有趣的歌曲。如果是乐曲，最好便于幼儿哼唱，这样即便没有成人伴奏，他们也能自己一边哼唱一边游戏。音乐的形象应生动准确、节奏鲜明、对比性强，便于用动作表现。如游戏"小兔和狼"表现的是一群可爱的小白兔跑到树林里，遇到了大灰狼，一会儿四处乱跑，一会儿又躲起来的情形。其中的音乐很形象，有鲜明的对比，乐段也很清楚，儿童可以随着音乐的变化用不同的动作来表现游戏内容。

（三）韵律活动的表演形式

根据参与的人数和参加者的合作方式，可以将韵律活动的表演形式分为：独舞、双人舞、三人舞、群舞、领舞群舞等。

独舞就是指一个人独立地做韵律动作，既包括独自一个人表演，又包括许多人一起表演，但各自独立活动，相互间不发生交流或配合关系。

双人舞、三人舞在幼儿园主要是指一种小型的结伴舞，这种结伴舞通常是两个或三个人自由结伴相互配合地做韵律动作。

群舞是指许多人按照比较严格的队形和动作规定一起跳舞，在幼儿园中，大部分的表演舞蹈和集体舞蹈都可采取这种形式。

领舞群舞是指以单独舞者为主，以集体舞者为辅的一种合作表演方式。其中的主导、辅助关系是规定的，必须遵照执行。在幼儿园中只有少数的表演舞和集体舞采用这种形式。

（四）韵律活动的相关知识技能

（1）掌握动作的知识和技能：幼儿需要练习用身体的不同部位做动作，控制动作的方向，无论是静止还是在移动过程中，都能控制好重心，能较好地协调参与运动的各身体部位。

（2）变化动作的知识和技能：在韵律活动中指导幼儿能跟随音乐变化动作的幅度、力度、速度和节奏。例如，音乐快的时候动作快，音乐慢的时候动作慢。

（3）组织动作的知识和技能：在韵律活动中发展幼儿的想象力和敏锐性，使其能根据音乐的形象组织动作，能根据音乐的结构组织动作，能根据音乐的重复和变化组织动作。

（4）使用道具的知识和技能：在韵律活动中指导幼儿创造性地使用道具，优美道具的合理使用可以增加活动的乐趣、降低学习的难度。

（五）韵律活动的常规要求

韵律活动本身的特点就是不太稳定。因此，建立韵律活动的常规不仅是学前儿童活动教学工作能得以顺利进行的保证，更是培养学前儿童纪律性和责任感的重要教育途径，集体韵律活动的常规要求一般包括以下几点。

（1）根据音乐的信号开始活动和结束活动。

（2）在没有队形要求的情况下，在规定的范围内活动或找较空旷的地方活动，不要与他人或场内的障碍物（道具、桌椅等）相撞。

（3）在自由结伴的活动中，迅速、安静地在规定时间内寻找、选择和交换舞伴，并进行分组和角色分配。

（4）在没有特殊要求的情况下，活动后不必按原来的座位就座，而是自己找空位子就座。

（5）活动结束时自己收拾道具和整理场地。

三、幼儿园韵律活动的材料选择

幼儿园韵律活动的材料包括动作、音乐和道具。因此，在为幼儿选择韵律活动时，要分别从这三个方面来加以考虑。

（一）动作

适合幼儿学习的韵律动作主要分为三类：基本动作、模仿动作和舞蹈动作。其中基本动作是幼儿最先开始发展的动作，模仿动作是幼儿最感兴趣的动作。这两种动作一般在有成人进行专门教育的条件下，幼儿可以通过自己的探索活动来获得。而舞蹈动作有较严格的程序和规范，幼儿很难通过探索活动来自行获得。所以，舞蹈动作是最晚开始被幼儿关注和学习的动作。按照这一顺序，在为学前儿童选择韵律活动的材料时，就动作的类型方面应考虑以下几点。

（1）托班和小班幼儿应以基本动作的学习为主，模仿动作的比例可逐步增加。小班中后期的幼儿可适当接触一些最简单的舞蹈动作，如小碎步、小跑步等基本舞步。对这些基本舞步的学习应结合他们所熟悉的事物进行，如小碎步开飞机、小碎步学小老鼠跑来跑去等。

（2）中班幼儿可以学习一些较有难度的基本动作，这些基本动作和音乐节奏、乐曲结构等的配合难度也可适当增加。模仿动作的比例可进一步提高。同时，一些难度稍大的舞蹈动作在学习内容中的比例也可以开始逐步提高。

（3）大班幼儿应以对模仿动作和舞蹈动作的学习为主，对基本动作的学习应逐步退居其次，且幼儿应侧重于学习富有童趣的舞蹈动作。

此外，学前儿童的动作发展和学习应遵循一定的规律，即从上肢动作到下肢动作，从非移位动作到移位动作，从单纯动作到复合动作，从大的整体动作到小的精细动作。

（二）音乐

在为幼儿选择韵律活动的材料时，就音乐的风格方面应注意以下几点。

（1）在托班阶段，可选择以轻松愉快、节奏鲜明、性质柔和、简单多重复的音乐为主，风格上可以比较随意，可多选经典性的音乐作品。

（2）在小班阶段，可逐步加大儿童音乐和中国传统音乐的比例，让幼儿有充分的机会培养对这些类型音乐的熟悉和喜爱之感。

（3）在中班阶段，特别是在中班的后期阶段，可逐步加入具有明显民族特色的国风音乐。

（4）在大班阶段，具有明显地域、民族个性特点的异国风情音乐以及情绪健康向上、曲调明快的流行音乐也可以成为韵律活动音乐的选材对象。

韵律活动强调的是随着音乐节拍做动作，因此，在为幼儿选择韵律活动的材料时，还要考虑音乐是否能适应动作的需要，即所选的音乐应节奏清晰、结构工整、旋律优美、形象鲜明。为小年龄幼儿选用的音乐，速度不宜太快；在为3岁左右的幼儿伴奏时，还应注意用音乐去跟随幼儿的动作；待幼儿逐步学会用动作跟随音乐以后，宜先选用中等速度的音乐；只有当幼儿控制自己动作的能力逐步增强后，才可以采用速度稍快或逐渐变化的音乐。

（三）道具

在学前儿童的韵律活动中，大部分情况下并不使用道具。确实需要使用道具时，教师应考虑以下几点。

（1）所选道具应能够增加活动的趣味性，且便于使用，不会妨碍幼儿的随乐动作。如小班幼儿在跳《小风车》的舞蹈时，所用道具为人手一个风车。要注意的是如果风车过大、过重，就会既不利于幼儿舞动，也不利于其在跑动过程中转动风车，这无疑会降低幼儿参与活动的兴趣。

（2）所选道具要便于获得。有时，教师还可以提供机会让幼儿自己选择和制作道具。如在教小班幼儿跳《丑小鸭》的舞蹈之前，可先请大班幼儿为弟弟妹妹们制作头饰小鸭帽，待小班幼儿学会了《丑小鸭》的舞蹈后，再组织他们在"音乐表演活动"或"娱乐活动"中跳舞给大班的哥哥姐姐们看，这样的联谊活动一定很有意义。

（3）所选道具要具有审美特点，既不过于粗制滥造，又不过于精致逼真，应有益于引发和丰富儿童的想象与联想。如舞蹈《小鸟的舞》是一个由六种颜色的"小鸟"共同表演的单圈舞蹈。在为六种不同颜色的"小鸟"选择道具时，使用象征鸟羽的指饰（在类似戒指的指环上固定有彩色禽羽或类似物，使用时将环套在中指指根处且使羽状物向上）就比象征小鸟的胸饰、臂饰更具有审美性和想象的空间。

四、幼儿园韵律活动的组织与指导

幼儿园韵律活动的设计要遵循幼儿身心的自然发展规律，适应幼儿的实际能力，要充分考虑他们的年龄、心理和运动能力的发展特点，设计合适的动作。活动中，要从幼儿能够做到的动作开始，再逐渐拓展。对于年龄小的幼儿，更应该从自然的、容易的动作入手，可以先用手当脚，在固定位置上练习、感受，有所体验后，再做移动位置的活动。韵律活动的设计应尽可能丰富有趣，使幼儿感到愉快。不应过分注重对技能的训练，而应关注幼儿能否通过自己的肢体动作感觉到音乐的流动、体验到快乐。由于幼儿园韵律活动的材料非常丰富，所以，教师在实施过程中应灵活加以处理。

（一）导入主题，熟悉音乐

导入的方式多种多样，由于幼儿的学习主要依靠无意注意、无意记忆，因此教师在活动开始时应根据材料的特点来进行导入，先营造一个良好的活动氛围，再引出新的学习内容。下面介绍几种常见的方式。

（1）通过复习已学过的韵律活动或歌曲导入。比如演唱已经学过的歌曲（例如《洋娃娃和小熊跳舞》），教师先带领幼儿一起演唱，以吸引幼儿的注意力、激发他们的兴趣、调动他

们的积极性，再导入要学习的新韵律活动。

（2）通过直观形象导入。教师运用教具、图片、真实事物等媒介来引出主题。如教"兔跳"动作时，教师可先用小兔木偶演示小兔随音乐跳动的情景，然后带领幼儿一起学习"兔跳"动作。

（3）通过回忆、复习已学过的动作导入。教师可以带领幼儿先复习某个熟悉的动作，再导入新课。如教"洗手帕"律动动作时，教师可以先引导幼儿回忆生活中如何洗手帕，然后带领幼儿一起练习"洗手帕"动作。

（4）通过欣赏音乐导入。对于音乐结构比较复杂的韵律活动，教师可以先带领幼儿反复欣赏音乐，待熟悉音乐的结构、情绪、风格后，再进行韵律活动。如大班韵律活动《捏泥人》，其所选音乐是民乐《喜洋洋》，教师可先引导幼儿欣赏音乐，通过图谱的形式帮助幼儿分析音乐的结构，再示范律动的基本表现方式。

（5）通过游戏导入。游戏是幼儿最感兴趣的活动方式，在伴随音乐开展游戏活动的过程中，教师可以先讲解游戏的规则、游戏中动作的要领，并进行必要的演示，让幼儿明白游戏的玩法。对于游戏中特别容易出现的问题，教师可以事先提出来引起幼儿的重视和学习热情，也可以先不说，等幼儿出现问题后再一起商量解决方法。多次重复以后，幼儿已经熟悉了音乐和旋律，接下来便可完整地进行音乐表演游戏。以音乐游戏"何家公鸡何家猜"为例。这是一个猜拳的游戏，教师可以让幼儿来商量猜赢的一方表演哪种动作，这样更能调动幼儿的积极性。

此外，教师还可以通过讲故事、念儿歌、猜谜语、观看视频、自己表演等多种方式引出主题。如在教"鸡走路"前，教师戴上鸡的头饰，装扮成一只鸡，一步步走出来捉捉虫、喝喝水、抖抖翅膀，幼儿看得入神，自己也会迫切地想模仿教师的动作。在此环节中，如果是第一次出现的音乐，应尽可能地让幼儿去感受、体验，在熟悉了音乐的情绪、性质、速度、结构的基础上再进行律动和舞蹈。

（二）示范动作，分解练习

跟随音乐有表现力地做动作是韵律活动的重点，动作来源可以是教师的示范，也可以是幼儿的自主创编。在这一环节中，教师要注意不要过分示范，应多提供机会让幼儿自己用动作来表现对教师提出的形象、情节、情绪、节奏或结构等内容的理解。教师应努力通过自己对音乐的深刻理解来引导幼儿的创编，提高幼儿学习的主动性和参与性。必要时教师的示范也是幼儿模仿的对象，尤其在舞蹈动作的教学过程中，良好的示范是幼儿学习的榜样。示范时要做到正确、合拍、自如，应站在能让每个幼儿都看得见的位置上，可面向幼儿用"照镜子"的方法，也可背对幼儿与幼儿同方向做示范。为了使幼儿便于模仿，可以采用分解示范的方法，如先示范脚的动作，再示范手的动作。还可以把动作组合分解成较小、较简单的部分，分别予以示范。对于一些难度较大的动作，应注意进行重点示范。

教师在示范的同时应结合分析、讲解等语言指导。幼儿的视觉感知并不十分精细，有时不能完全看清教师的示范动作，如果能用适当的语言及时点明动作的要领，帮助幼儿注意其动作的细节部分，则会大大提高示范的效果。教师对动作要领的分析、讲解有时还可借助形象的比喻，以便于幼儿掌握动作的要领。如教幼儿学垫步，就可以启发幼儿的想象："我们的脚好像踩在柔软、有弹性的垫子上，踩下去又弹回来。"

案例分享

韵律活动："秋叶"

秋 叶

$1=D\ \frac{2}{4}$

5 6 5 6	5 3 1	2 3 2 7	5 —	1 2 3 1	2 3 4 2
飘呀 飘呀 秋叶儿，	随着 风儿	飘，		我要 追你	追不 到

3 5 1 6	2 —	5 6 5 6	5 3 1	2 3 2 7	5 —	1 2 3 1
捉也 捉不 到。		秋叶 红呀	秋叶 黄，	秋叶 真美	丽，	我要 问你

2 3 4 6	5 3 2 3	1 —	(1 2 3 4	5 6 7	1 5	1 —) ‖
飘来 飘去	飘到 哪里	去。				

在这个韵律活动的第一环节，教师可以先让三分之一的幼儿扮演秋叶，在用红线围成的圈内边唱边表演，其余幼儿则站在线上边唱边拍手，一拍一下。当唱到"飘到哪里去"时，教师鼓励线上的幼儿摆出不同造型，可以是山、树、楼房、马路、花、汽车等，可以是一人单独造型，也可以两人或三人合作造型。扮演秋叶的幼儿在听到节尾的伴奏时，应在一个造型前停住，即代表飘到了花上、楼房上等。在这个韵律活动的第二环节，教师要引导幼儿创编出各种代表秋叶飞舞和落下的动作以及各自与众不同的造型。

（三）匹配动作，随乐练习

基本掌握了韵律活动中所需要的动作后，教师便可开始引导幼儿把动作和音乐结合起来，组织幼儿倾听、分析、体验音乐，可以用讨论的方法，将上一环节中已准备好的动作与音乐的有关部分或要素相匹配，并让幼儿按讨论结果随音乐做动作。

幼儿初次随乐练习时，可以稍稍放慢音乐的速度。对于做动作有困难的幼儿，教师应给予具体帮助、个别指导，使幼儿从"被动"的感受中获得体会，从而能主动地做出正确的动

作。这种具体帮助应及时,否则幼儿在复习中总做着错误的动作,以后再想改正就会更加困难。另外,教师应注意采用多种不同的练习形式,不断调动幼儿的积极性,让幼儿在反复的随乐练习中逐步达到熟练掌握的程度。

对于较为复杂的舞蹈队形,教师要在队形变化前用各种方式提示幼儿,帮助他们迅速、准确地做好下一步动作。在开始的随乐练习中,教师可以用语言进行提示,也可以先带领幼儿学习舞谱。舞谱就是用图形的方式将队形图和变换队形的路线图描述出来,帮助幼儿记忆队形的变化结果。碰到较难记忆或变化比较复杂的队形,排练中可以在地上画出记号,帮助幼儿找到自己的位置。

(四)集体表演,创编新动作

当幼儿基本上都能随音乐完成动作后,就可以完整地随音乐进行律动和舞蹈,可以采用多种形式来深化幼儿的学习:对于比较简单的律动,教师可以逐渐加大难度;也可以让幼儿交换位置和角色进行表演,在重复和变化中熟练掌握舞蹈动作。在这个过程中,教师应注意如下三点:创编的律动和舞蹈都应该是简单且多重复的;大多数韵律活动应该有明确的象征意义;动作设计一般应考虑在一个八拍中不要有动作的变换。

五、幼儿园韵律活动的指导策略

(一)从最基本的身体动作开始,注重循序渐进

幼儿学习动作的基本顺序是从大的、非移位的、单纯的动作到小的、移位的、复合的动作,从上肢动作到下肢动作。教师一定要考虑幼儿对动作的接受程度。对于小班幼儿,教师可以伴随着音乐,带领幼儿用拍手、挥手臂、跺脚、摇摆等身体动作来感受音乐的律动和情绪;对于中班幼儿,可以鼓励他们想象各种生活情景和动植物的形态,用对刷牙、洗脸、开车、鸟飞、鱼游等动作的模仿来表现音乐的特征,还可以引导幼儿用纱巾、彩带、头饰等道具进行动作表演和舞蹈活动;对于大班幼儿,可以引导他们辨别音乐中重复、对比以及变化明显的乐句,并用自己的动作来表现对音乐特征的理解。

(二)让幼儿边唱边做,注意动作与歌曲、音乐的协调一致

让幼儿有机会边唱边做,如发展幼儿对二拍子的感知,可以选择《小手拍拍》《小星星》等歌曲,引导幼儿做配合二拍强弱规律的肢体动作;如果要发展幼儿对三拍子的感知,可以选择幼儿熟悉的《小白船》《两只小象》等三拍子歌曲,让幼儿边唱边做配合三拍强弱规律的身体动作,或用自由、优美的律动和舞蹈动作感受并表现三拍音乐的情绪。在韵律活动中,教师要注重培养幼儿保持动作与歌曲、音乐的情绪、力度、速度相符的能力,但这并不是要求所有幼儿的动作造型都必须整齐划一。比如表现音的高与低,可以双手举过头表示高,也可以将双臂平伸像小鸟翅膀一样上下摆动表示高与低,还可以用站立和蹲下表示高低,最重要的是让幼儿通过动作表现出感受到了这种声音的特点。幼儿对音乐的感知越细致

越好,不要在乎其动作的表现技巧。

(三)向幼儿提供观察和动作模仿的机会,鼓励其进行即兴创作

幼儿在韵律活动中所使用的各种动作都不是凭空而来的,而是有现实基础的,教师应该通过多种途径向幼儿提供观察和动作模仿的机会。例如,可以引导幼儿在散步、参观、郊游等日常活动中,观察动植物的各种形态以及成人做事时的姿态和运动方式,据此创编自己的动作;对于一些其尚未亲身体验的场景,可以通过观看影音资料来鼓励幼儿据之进行即兴创作。此外,培养节奏感也是韵律活动的重要任务之一,体验、感受稳定的节拍是节奏能力培养的起点。所谓稳定的节拍是有规律地出现的固定拍子,每个稳定节拍或固定拍子相当于一个中等速度的四分音符。教学活动中可以用稳定节拍伴随幼儿的歌唱,通过有规律的节拍运动,刺激幼儿体验、感受节拍,培养其节奏感。

案例分享

案例一 小班韵律活动:"小手爬"

小手爬

一、活动目标

(1)熟悉歌曲旋律,能根据歌词合拍地做小手"爬"的动作,感受并表现旋律的上行、下行。

(2)在教师的引导下,能创编出其他的表现上行、下行的动作;创造出其他的行动主体以及表现其他行动的起点和终点的方式。

(3)感受创造、游戏表演带来的快乐。

二、活动准备

无须特殊准备。

三、活动过程

1. 学唱歌曲

教幼儿学唱歌曲,让其学会像教师那样一拍一拍地边唱边拍手。

2. 学习律动

教幼儿用双手从双脚脚背开始，一拍一拍地轮流贴着腿部、腹部、胸部、颈部、脸部往上"爬"，一直"爬"到头顶上，正好唱完第一大句。接着，双手从头顶开始，一拍一拍地向下"爬"，第二大句唱完最后一个字时，正好"爬"到双脚的脚背上。

3. 创编律动

（1）引导幼儿学习和创编其他的表示上行和下行的动作。教师可以提问："除了'爬'以外，你的小手还会用其他的方法上上下下吗？"引导幼儿创编出小手的不同动作（如双手交叉轮流上下移动、两手同时跳、两食指点……），并按照音乐边唱边一拍一拍地用新编的动作贴着身体上行和下行。

（2）当幼儿熟悉动作后，可让幼儿想一想：向上"爬"，除了"爬"到头顶上，还可以"爬"到哪些地方（如眼睛、头发等）；向下"爬"，除了"爬"到小脚上，还可以"爬"到哪些地方（如膝盖、小腿等）。做动作前，先说好上面"爬"到哪儿，下面"爬"到哪儿，然后边听音乐边做动作。

（3）鼓励幼儿创编，可以让他们想象自己是猴子、壁虎等小动物，想想它们会在哪里爬，向上能爬到什么地方。

案例二　中班韵律活动："摘果果"

摘果果

一、活动目标

（1）感受乐曲的欢快旋律，初步学会摘果果的动作和小跑步。

（2）积极创编摘果子的动作，感受和同伴一起舞蹈的乐趣。

二、活动准备

乐曲《摘果果》。

三、活动过程

（1）播放乐曲《摘果果》，引导幼儿复习转手腕的动作。

（2）通过谈话导入，激发幼儿学习的兴趣（从转手腕的动作迁移至摘果果的动作）。

（3）引导幼儿观察教师的动作，学习小跑步。

（4）引导幼儿随音乐集体表演"摘果果"。

（5）请幼儿走出教室进行"摘果果"的律动表演。

巩固训练

1. 聆听圣-桑的《动物狂欢节》组曲（由14首乐曲组成，分别是引子与《狮王进行曲》《公鸡与母鸡》《野驴》《乌龟》《大象》《袋鼠》《水族馆》《长耳动物》《林中杜鹃》《大鸟笼》《钢琴家》《化石》《天鹅》《终曲》），选择其中几首你喜欢的曲子，跟随音乐模仿动物们出场、跺脚、蠕动、打鸣、咆哮、飞舞等动作，分组点评各自动作的表现力。

2. 以小组为单位创编律动片段，为特定年龄班设计教学步骤并进行试教。

单元三
幼儿音乐表现技巧

 学习目标

知识目标

1. 让幼儿能够识别不同乐器的音色,理解基本的音乐元素(如节奏、旋律、和声等)。
2. 培养幼儿对音乐的兴趣和敏感度,能够感受到音乐带来的愉悦。
3. 通过不同的音乐风格和作品,让幼儿初步了解世界多元文化背景下的不同音乐形式。

技能目标

1. 发展幼儿的节奏感,使其能够跟随音乐节拍进行简单的拍手、跺脚等活动。
2. 训练幼儿模仿简单的旋律,能够用歌声或乐器重复所听到的音调。
3. 鼓励幼儿尝试简单的音乐创作,如编排节奏、创作简单的旋律或歌词。

素养目标

1. 通过音乐激发幼儿的想象力和创造力,鼓励他们在音乐活动中发挥个性。
2. 帮助幼儿通过音乐表达自己的情感,增强情绪管理和自我表达的能力。
3. 在合奏或合唱等集体活动中培养幼儿的合作意识,学会与他人协作完成任务。

第一节 歌唱的基本技巧与练习

一、歌唱基本技巧

歌唱是幼儿进入音乐天地最自然的途径。我们经常可以看到幼儿在玩娃娃家搭积木时，嘴里不时地哼哼唱唱；外出郊游时，更会情不自禁地放声高唱。若我们细心观察马路旁、公共汽车上及公园里那些父母身边的孩子，只要他们是健康的、愉快的，那么你会出乎意料地发现，歌声常常会自发地从他们的口中传出。可以说，歌声是幼儿的亲密伙伴。

（一）歌唱的基本姿势

正确的姿势是歌唱最基本的"工作"条件。人体可以说是一个特殊的"乐器"，所有的歌唱发声器官属于一个不可分割的有机整体，只有掌握正确的姿势，才能使歌唱器官各部分相互配合。正确的声音不是来自人体的哪部分器官，而是来自所有歌唱器官的协调运作。教学实践告诉我们，姿势不正确，必然造成发声上的问题，如站无重心、提肩伸脖，这种形体就会使发声腔体的可变状态受到抑制，使呼吸不畅通，唱出的声音苍白、僵硬、单调，"喊叫"现象严重。例如，有些人习惯挺着肚子、凹着胸，两肩还向前合拢，这不但影响歌唱时的正常呼吸，还影响正常的歌唱共鸣，使声音不自然，造成声音挤压、紧滞；而抬着头唱歌则会使左右两侧声带张力不平衡，时间长了会造成单侧声带受损。当然，发声问题的成因很复杂，歌唱姿势不正确只是原因之一。但是保持正确的姿势，有些问题就会减轻甚至消失，可为进一步掌握科学的发声方法创造前提条件。

歌唱时正确的站姿是身体自然挺立，要像倚着墙壁一样既挺直又放松自如，有一种舒展的感觉，同时头部、肩膀、颈部放松，双肩略微向后展，胸部轻微挺起。在站立时身体的重心可以放在任意一只脚上，负有重心的脚可以略微靠前。当演唱高音时双腿要灌注力量，要稳住身体，使自己像一棵深深扎根在泥土里的大树一样。

坐着演唱时正确的姿势是坐在凳子的前二分之一处，背部挺直，后背的力量向下集中到后腰这个支点上。面部肌肉要松弛，眼睛要平视，不可东张西望，也不可上下乱动，演唱时下巴要微微收提笑肌。当然，为了更好地表现歌曲的意境、表达某些情感，有时需要做一些动作，但形体动作要发自内心，每一个微小的动作都是为了更完美地表达音乐内容。在演唱时不要用头、手、脚等打拍子，更不应该做一些与演唱无关的怪动作。同时，切忌矫揉造作、手舞足蹈或千篇一律的手势，避免用多余的动作吸引观众而使其忽略了音乐。

（二）幼儿歌唱的呼吸训练

幼儿的肺活量较小，呼吸器官的控制能力比较弱，共鸣腔体尚处在发育阶段，腔体体积小、不发达。因此根据幼儿的生理结构特点，在呼吸的训练上应采用适当的方式方法。歌唱与说话的基本原理相同，都是由气息振动声带发出声音，所以人们常说，呼吸是发声与歌唱的动力。平时说话时的呼吸是人们的本能动作；歌唱时发声靠的是对气息的控制运用，使气息与歌声的高低、强弱相适应，因此它是一种有意识的、有控制的、带有一定强度的呼吸。在呼吸时，肺、胸、两肋、横膈膜、上腹、下腹都要起作用，若吸气深入肺底，胸部就自然稍微挺起，两肋扩张，像张开的翅膀一样。胸腔深处会有吸气下沉的扩张感觉，这是由于上腹和横膈膜在做有弹性的上下活动，能使唱出的歌声通畅、饱满。

根据幼儿的年龄及生理特点，应将训练童声歌唱时的发声与呼吸作为一个整体来开展教学，从感性出发，通过发声来感觉其与呼吸的关系。具体而言，就是教师通过正确的示范、比喻和启发，让幼儿进行模仿、听辨、感受，再从幼儿的发声情况来判断他们的发声与呼吸是否运用得当。

歌唱的技能、技巧是多种多样的，但从幼儿歌唱的实际情况来看，只有从基本功上着手进行训练，通过举一反三、循序渐进、逐步提高，才能收到长远的好的效果。

呼吸的练习可采用以下几种方法。

1. 缓呼缓吸

缓呼缓吸是歌唱时经常采用的方法。吸气时，缓缓地将气吸到肺叶下部（提示幼儿像闻花一样），此时横膈膜下降，两肋肌肉向外扩张，小腹微微向内回收，然后保持吸气的状态2秒左右，保持吸气时不能有僵硬的感觉，再平稳、均匀、持续、连贯地将气呼出。

2. 急吸急呼

急吸急呼是指快速将气吸入（可提示幼儿像被吓一跳那样吸气），然后保持吸气的状态2秒左右，再平稳、均匀地将气呼出。若发出的声音是集中、平稳、连贯的，说明发声和气息形成了一个整体；若发声时出现紧压或者空虚漏气、声音摇晃等现象，则可能是由于气未吸深、气息没控制好以及紧张等原因造成的。

3. 换气训练

换气时仍应保持气息控制状态，不能因换气而将气息放光，直到全曲平稳而流畅地唱完为止。为了使演唱时得到气息下沉和保持的效果，可一边演唱，一边用手势做出气息下沉和扩张方向的动作，强调这些感觉是和发声同时出现的。

4. 强弱对比训练

强弱对比是相对的感觉，要注意发声位置的统一，不能因强弱变化而改变发声的部位。如唱渐强时，声音往往容易变成白声，唱渐弱时，声音往往容易变得空虚。渐强时，气息下沉的扩张状况稍稍增强；渐弱时，仍旧保持气息下沉和扩张，不能将气息放光。两次渐强渐

弱的练习对幼儿来说难度较大,因此一定要在前两种练习有一定基础之后再进行。强弱对比以声音的通畅和发声位置的稳定来决定其正确性,因此应督促幼儿能在演唱歌曲时加以实际运用。

需要注意的是,在教授幼儿正确的吸气方法时,切不可对幼儿说:"通过鼻嘴同时吸气,经过喉管到胸腔的底部,使两边的肋骨张开,横膈膜下降,腰的两侧鼓起来……"这样的语言幼儿根本无法理解运用。在教学中应根据幼儿的年龄特点及生理特点,设计一些充满趣味的教学方法,才能产生事半功倍的效果。

拓展延伸

气息训练游戏

1. 玩"吹气球"游戏,轻松掌握正确的吸气方法

教师先将手放在正确的吸气位置上,说:"今天老师给大家带了一个蓝色的气球,和大家一起玩,你们都带了什么颜色的气球来呀?"幼儿回答:"红的""黄的""蓝的"……"好,现在我们一起玩吹气球游戏,老师先做,你们再一起做,看谁的气球吹得又大又圆……"于是,幼儿的积极性被调动起来,争先恐后地吹起了气球,一个个彩色的小气球鼓了起来,在轻松愉快的气氛中幼儿也掌握了正确的吸气方法。

2. "举重"比赛,最有效的气息保持练习

在气息训练中,要充分发挥家长的作用,让幼儿和家长一起玩"举重"比赛,此方法能最有效地练习气息的保持。晚上睡觉时躺在床上,把稍厚一点的书摆在肚脐眼以上的部位,通过吸气把书举起来,幼儿和家长比赛,看谁"举重"的时间长、次数多。家长在比赛的过程中,要适当注意方法。偶尔可以输给幼儿,调动幼儿练习的积极性,增强幼儿的自信心。切不可超过幼儿太多,以免使幼儿对自己失去信心,从而失去比赛的意义。

二、幼儿歌唱的发声练习

幼儿的声音单薄、气息短、音域窄,发声训练时应提示幼儿发声要尽量亲切自然、轻松自如,避免喊唱和大喊大叫。教师应运用科学的方法以及准确而形象化的语言引导、启发幼儿,对幼儿进行有效的发声训练,使他们养成良好的歌唱习惯,使幼儿的声带健康发育,不受损害,从而获得美好的童声。

(一)使用"头声"练习

在6岁之前,幼儿的声带尚无肌肉纤维,很是娇嫩脆弱,肌肉纤维要到幼儿7岁后才开始出现。根据幼儿的这一生理结构,采用"头声"的发声方法相对来说比较安全。"头声"发声也就是在位于头声区的声带振动状况下发出声音。

具体的要求和做法如下。

1. La 的跳音训练

唱出的声音短促、轻巧、有弹性，好像打击乐器的小鼓一样鼓点清楚，又好像啄木鸟啄木的声音一样富有弹性、清脆悦耳，但不能用力过猛，不能用喉头力量把声音挤出来。

2. a 母音的发声训练

要求在发声时，感觉到腹部和两肋在微微跳动，就好像我们发出"哈哈哈"笑声时的感觉，并且唱出的跳音是通畅舒适的。以上这种感觉是横膈膜弹跳能力的表现，没有这个基础，唱出的跳音不是空就是紧。

3. 强弱对比的训练

注意提醒幼儿，强音唱得好不好不是靠力气大小，而是靠发声时声带给予气息的作用。就好比一块石头被丢进水塘里，石头的下沉力度使得水花往上泛。用这种感觉唱出的强音才有力度基础，才有冲力。因此，可以用 mp，mf 等不同音量来练习。

4. 体会发声时气息的反作用

要求幼儿模仿工人叔叔劳动时用力的吆喝声："嗨！"当发出这种有力度的声音时，让幼儿体会腹部和两肋此时是膨胀还是收缩，气息是下沉还是上浮的。幼儿可以体会到膨胀和下沉的感觉，这就是发声时气息的反作用。运用这种基本感觉，再通过各种类似的练习，幼儿就能进一步感觉到两肋像张开的翅膀一样，然后应用到歌唱之中，逐渐养成一种习惯，这样就能提高自己的演唱技巧。

在一个教学班中，每个幼儿嗓音的好坏各不相同，因此轻声歌唱是获得自然歌声的一种很好的办法，对于初学唱歌的幼儿来说，每学一首新歌的时候都用 p 或 mp 的声音力度演唱，可帮助他们养成自然歌唱的习惯。

（二）其他趣味发声练习

1. 有关歌唱元音的发声练习

叫 声

1 = C 2/4

| 6 6 5 5 | 6 6 3 | 6 6 5 5 | 6 6 3 | 6 5 | 6 5 ‖

早晨 雄鸡　起身早，　伸长 头颈　高声 叫，　喔　喔　喔　喔。
树上 飞来　小麻雀，　一边 游戏　一边 叫，　喳　喳　喳　喳。
墙头 走来　一只猫，　一边 走着　一边 叫，　喵　喵　喵　喵。
鸭子 也来　凑热闹，　摆着 尾巴　连声 叫，　呷　呷　呷　呷。

小提示：练习"o""a"等元音的发声。

单元三　幼儿音乐表现技巧

军号哒哒

1=F 2/4

| 3 3 3　1 | 5 5 5　3 | 3 3 3 1 3 | 1 1 1 | 5̣ 6̣1 | 5　3 | 2　2 2 | 2　0 |

嘀嘀嘀　哒，嘀嘀嘀　哒，嘀嘀嘀哒嘀　哒哒哒，永　远　向前　进向前进。

| 3 3 3　1 | 5 5 5　3 | 3 3 3 1 3 | 1 1 1 | 5̣ 6̣1 | 5　3 | 2　2 2 | 1　0 ‖

嘀嘀嘀　哒，嘀嘀嘀　哒，嘀嘀嘀哒嘀　哒哒哒，永　远　向前　进向前进。

小提示： 让幼儿模唱军号声，掌握"i""a"的发声。

火车来啦

1=C 2/4

| 5 6　5 4 | 3　4 | 5　5 | 5　− | 5　5 | 5　− ‖

火车火车　来　了（幼儿）呜　呜　呜　　　　呜　呜　呜

小提示： "u"的发声练习。

2. 气息练声曲

小宝宝要睡觉

1=F 3/4

| 1 − 2 | 3 − − | 3 − 2 | 1 − − | 1 − 3 | 2 − 1 | 2 − − | 2 − − |

风　　吹，树　　不　摇，鸟　儿　也　不　叫，

| 1 − 2 | 3 − − | 3 − 2 | 1 − − | 1 − 3 | 2 − 2 | 1 − − | 1 − − ‖

小　宝　宝　　　要　睡　觉，眼　睛　闭　闭　好！

小提示： 演唱速度要慢一些，注意气息的控制。

大钟小钟一起响

1=D 4/4

1 - 1 - | 1 - 1 - | 1. 2 3 4 | 3 2 1 - |
叮　　当　　叮　　当　　大　钟 小 钟　一 起 响，

3. 4 5 6 | 5 4 3 - | i - i - | i - i - ‖
不 敲 不 响 不 热 闹，　叮　　当　　叮　　当

小提示： 演唱速度要慢一些，注意气息的控制。

（三）幼儿歌唱能力的发展

科学的歌唱练习不仅能培养幼儿对歌唱活动的积极态度，培养他们对音乐的兴趣爱好，不断积累优秀的歌曲作品，还能使他们掌握一些简单的歌唱技巧和保护嗓音的技巧。人们歌唱时，不仅要有理解、回忆、再现以及情感的激发、体验和表达等一系列复杂心理活动的参与，也需要体态、动作等方面的配合。幼儿在歌唱中要感知、记忆、理解歌词，也要体验、表达歌曲中的情绪，在歌唱中还要学会看指挥、注意伴奏等，因此，歌唱教学也是促进幼儿全面发展的手段之一。

人们的歌声，是由呼吸器官、发音器官、共鸣器官以及监听器官在大脑中枢神经系统控制下的相互配合、协调活动中产生的。尽管人类从先天遗传中获得了一套精致的歌唱器官，但歌唱的能力主要还是通过后天学习而逐步发展起来的。学前儿童歌唱能力的开发主要包括歌词、节奏、音准、独立歌唱与情感表达等方面。

1. 歌词

3 岁前的幼儿已经能够部分地再现一些歌曲的片段，但是他们对歌词含义的理解十分有限，往往只是把歌词当作一种声音来加以重复。3 岁前幼儿的听辨以及发出语音的能力也较弱，发音错误的情况十分普遍。

3 岁幼儿的语言发展已有了许多进步，他们已经能够较完整地再现一些短小的歌曲或较长歌曲中比较完整的片段。但是，他们在歌词含义的理解方面还是经常会遇到困难。有的时候，他们甚至会在唱歌时故意把那些因为理解困难而记不住的字、词省略掉。如将"小鸟小鸭碰在一起"中的"碰"字，"一同唱歌一同游戏"中的"一同"等字遗漏。另外，他们在听力和发出语音方面也会遇到一些困难，如把"高"音发成"刀"音，把"咕"音发成"嘟"音等。尤其是对不熟悉、不理解的歌词，他们发音错误的频率会大大提高。这是由于儿童发不出他们不熟悉的声音，就自行采用他们所熟悉的语音代替的结果。如把"冲云霄"

唱成"搓元宵"，把"三头六臂"唱成"三啦咕哩"等。

4～6岁幼儿掌握歌词的能力又有了进一步的提高，他们一般已经可以比较完整准确地再现熟悉歌曲的歌词。在这个阶段中幼儿对歌词听辨、理解、记忆的能力已有了较大提高，即使他们所接触的歌曲篇幅较长、内容较复杂，唱错字、发错音的情况也会大大减少。当然，幼儿面对不理解的词句（特别是抽象词）时，唱错歌词的情况还是会经常发生。

2. 节奏

3岁幼儿的歌唱已经初步显现出了节奏的意识，但这种意识还很模糊，而且大多与词中的节奏有关。此阶段幼儿所掌握的歌曲节奏十分有限。如果歌曲的节奏能够与幼儿自身的生理活动，如心跳、呼吸、脉搏的节奏等相适应，或与幼儿的身体动作，如走路、跑步等的节奏相协调，他们掌握起来也比较轻松。因此，一般由二分音符、四分音符、八分音符所构成的歌曲节奏，比较容易为3岁幼儿所接受。当然，对于有些3岁幼儿来说，即使是这种简单的节奏，他们也不能够唱得准确。在良好的教育影响下，到了小班末期，90%左右的幼儿都能比较合拍地歌唱。但如果歌唱的速度过慢或者过快，也会使幼儿在歌唱时表现出节奏适应方面的困难。

4～6岁的中班、大班幼儿在歌唱的节奏表现能力方面有了较大的发展。他们对歌曲中的二分音符、四分音符、八分音符的节奏已掌握得较好，甚至也能够较好地掌握带附点的节奏和切分节奏。三拍子歌曲的节奏和弱起乐句的节奏虽然对他们来说比较困难，但只要在正确方法的指导下，幼儿也是可以在大班阶段逐步掌握的。在良好教育的影响下，到了大班末期，大多数幼儿都能比较自如地把握常见的幼儿歌曲的节奏，歌唱的速度稍快或者稍慢时也不会影响他们表现节奏的准确性。

3. 音准

音准是学前儿童在歌唱活动中最难掌握的技能。在学前阶段，幼儿最容易掌握的是歌词，节奏次之，速度第三，呼吸第四，最难掌握的是音准。音准把握能力也是学前儿童歌唱能力中发展最慢的一种能力。即使在进入小学以后，仍然会有许多幼儿没能解决基本的音准问题。

3岁以前，幼儿的歌唱一般被称为"近似歌唱"，也就是说，3岁前幼儿歌唱的音准很差。3岁幼儿在没有乐器伴奏的情况下，独立歌唱时的"走音"现象相当严重。有的幼儿在第一个乐句中都有唱不准的音；有的幼儿虽然在一个乐句中能基本唱准曲调，但在乐句与乐句之间却经常"走调"。若配以乐器或歌声的伴随，3岁幼儿歌唱的音准会得到很好的改善。此外，如所唱歌曲的音域过宽，定调过高或过低，旋律中难以掌握的音过多，以及当幼儿处于疲劳、精神不振、注意力不集中的状态时，也很容易出现"走音"现象。4～6岁幼儿在音准把握能力上有了一定的进步，在有琴声伴奏、唱的歌曲难度比较适宜时，一般都能基本唱准音高。但在无伴奏的单独歌唱时，尚有部分幼儿不能较好地把握音准。幼儿在精神比较紧张的情况下，音准方面的差错一般要高于歌词和节奏方面的差错。

4. 独立歌唱与情感表达

3岁以前，大部分幼儿没有表演的意识，不习惯正式地在别人面前歌唱。进入幼儿园以后，大多数幼儿都愿意在集体中跟着大家一起歌唱。少数开朗、大胆的幼儿也会愿意几个人共同面对大家演唱。在班级氛围比较宽松的情况下，5岁以后的幼儿大多数都会愿意独自面对大家演唱。

在情感表达方面，3岁前幼儿的歌唱活动更多的是一种声音游戏，缺乏歌唱的表现意识。3岁末时，幼儿在唱他们所熟悉和可以理解的歌曲时，能够做到用速度、力度、音色的明显变化来表现歌曲中的不同形象及情绪，如《大猫小猫》（强和弱）、《汽车火车》（慢和快）、《大鼓和小铃》（强和弱，沉闷和清亮）、《小马》（快乐——快而跳跃，伤心——慢而连贯）等。他们还可以掌握速度和力度的渐变，如在唱《秋天》和《摇啊摇》这类歌曲时，会用渐弱的唱法结束，以表现树叶都安静地躺在地上了，小娃娃慢慢地睡着了。值得注意的是，幼儿也可能会因模仿而养成一些不恰当的表演习惯，如过分夸张地演唱下滑音，过分剧烈地晃动身体或头部。对此，教育者应注意及时运用正确的引导来加以纠正。

课后实训

1. 请幼儿玩"小猫洗脸"的游戏，做到洗出灿烂的笑容

提示：教师扮演魔术师，把幼儿变成可爱的小猫，让其把"猫爪"伸出来，先搓搓热，然后开始"洗脸"，直到把小猫的脸洗出笑容。这时幼儿笑肌高抬，正是唱歌时的最佳状态。

2. 请幼儿玩"小蜜蜂飞"的游戏，达到训练眼神的目的

具体操作步骤如下。

（1）基本直线运动

让幼儿坐在椅子上，保持头部不动，眼睛向前看，将"小蜜蜂"放在幼儿正前方大约一臂距离的位置上，慢慢地将"小蜜蜂"从左向右移动，从上向下移动，再从下向上移动，让他们的眼睛跟随"小蜜蜂"做直线运动。

（2）曲线运动

将"小蜜蜂"在幼儿面前画一个大圆圈，让他们的眼睛跟随"小蜜蜂"绕圈。

将"小蜜蜂"在幼儿面前做"S"形运动，让他们的眼睛跟随"小蜜蜂"做复杂的曲线运动。

（3）快速运动

逐渐加快"小蜜蜂"的移动速度，让他们的眼睛尽量跟上。

三、幼儿园歌唱教学的内容

幼儿园歌唱教学的主要内容包括歌曲、节奏朗诵、歌唱的表演形式、歌唱的技能及其作用等。

（一）歌曲

多年来，有些歌曲在学前儿童音乐教育中一直被广泛使用。随着对音乐文化理解的不断扩展，人们也开始选用新的歌曲类型。适合幼儿演唱的歌曲可以是成人专门为幼儿创作的歌曲，也可以是传统的童谣、民歌或由幼儿自己创作或即兴创作的歌谣。教师在选择歌曲时，要注意选择不同内容、不同类型和不同情绪的歌曲，丰富幼儿对歌曲的感知。

幼儿歌曲的内容有表现动物和植物的，如《小毛驴》《马儿来了》《蝴蝶花》；有表现自然现象和气候变化的，如《春天在哪里》《秋天多么美》《再见吧，冬天》《小星星》等；有表现游戏活动和生活事件的，如《洗手帕》《丢手绢》《上学歌》等；有表现思想情感和理想愿望的，如《我的好妈妈》《长大要当解放军》等。教师在选择歌曲时还要注意丰富幼儿对歌曲形象的感知。歌曲的形象有欢快活泼的，如《洋娃娃和小熊跳舞》《我爱雪莲花》；有铿锵有力、气势雄伟的，如《只怕不抵抗》《这是小兵》；有情景优美、恬静柔和的，如《睡呀，宝宝睡》《小白船》等。广泛选择不同形象、不同内容的歌曲作为教学内容，可以丰富幼儿的体验，帮助他们学习不同的演唱方式和情感表达方式。

（二）节奏朗诵

儿童很早便开始有节奏地反复说唱一些短语和词汇。人们发现这些短语大都发音简单且有节奏感，于是利用说话作为起点的音乐教学法便逐渐形成并发展起来，此种教学方法会使幼儿感到非常熟悉、亲切。教师可以充分利用一些耳熟能详的地方童谣作为节奏朗诵的内容，也可以用字词、诗歌、姓名、动物名、食品名等幼儿熟悉的事物进行节奏朗诵练习，这两种方式都会使幼儿感到惊喜，充满兴趣。比如《大马路》：大马路，宽又宽，警察叔叔站中间，红灯停，绿灯行，黄灯亮了等一等。

在节奏朗诵练习的同时还可以结合身体动作练习，用拍手、跺脚等形式丰富幼儿对节奏的感知。在幼儿园进行适当的节奏朗诵练习，可以让幼儿在富有韵律且和节奏感强的语词朗诵中，体验到节拍、节奏、强弱、快慢、声调高低、乐句结构等几乎全部的音乐形式要素。节奏朗诵的具体内容可以是诗歌、歌词、童谣、游戏语言，也可以是词组、象声词、无意义的嗓音音节。教师要注意练习的时间不宜过长，每次以三分钟左右为宜，经常反复进行训练才可以较好地培养幼儿的节奏感和韵律感。

（三）歌唱的表演形式

歌唱的表演形式是指歌唱活动中参加者的人数、全体参加者的合作方式，以及歌唱时所伴随的表演方式（如动作表演、乐器演奏等）的总和。幼儿歌曲常见的演唱形式主要有独唱、齐唱、合唱、接唱、对唱、领唱齐唱和歌表演等。

1. 独唱

独唱是由一名幼儿单独歌唱的演唱形式。在集体教学活动中，往往以齐唱形式为主，但教师也要创造条件让幼儿有独唱的机会，要鼓励他们能面对教师、其他幼儿或家庭成员演唱他们新学会的歌曲或特别喜爱的已学会歌曲。这样不仅能增强幼儿歌唱时的自信心，还有利于增进教师对每个幼儿的了解，从而有针对性地进行个别指导。有研究表明，在独唱时幼儿歌唱的准确性明显更高一些。

2. 齐唱

齐唱是两个或两个以上的幼儿一起整齐地演唱完全相同的曲调和歌词的演唱形式。这种形式在幼儿园用得最多。

3. 合唱

合唱是指两组（每组三人以上）或两组以上幼儿，各自演唱同一首歌曲中不同声部的演唱形式。这种形式对幼儿来说有一定难度，适合有一定演唱基础的幼儿学习使用，如《布谷鸟》。

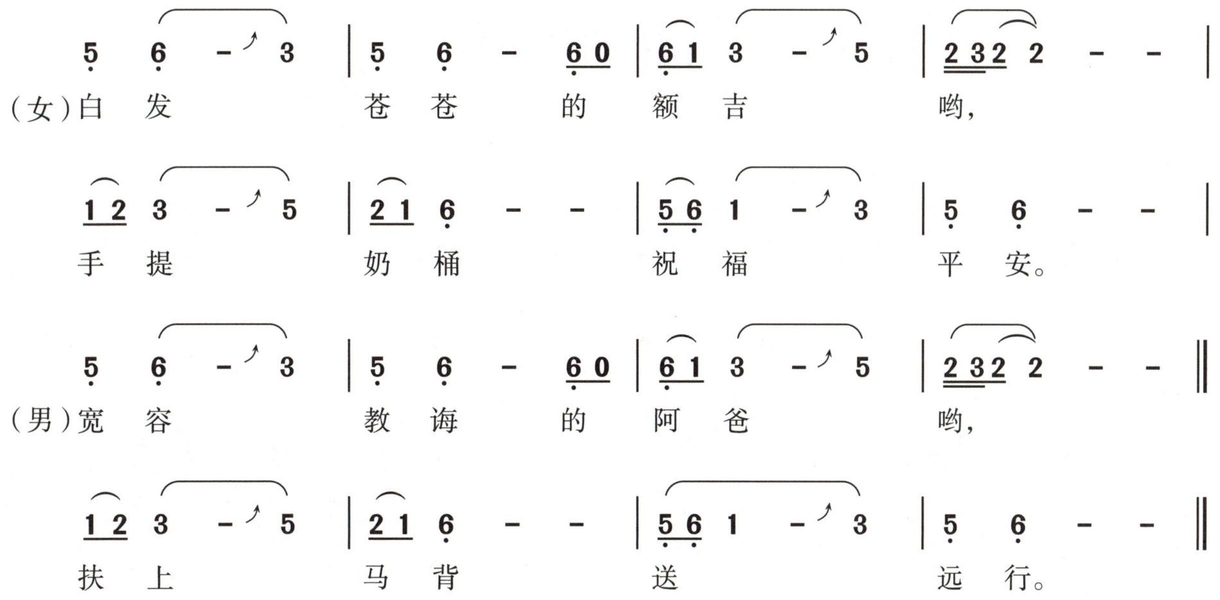

（女）白发 苍苍 的额吉 哟,

手提 奶桶 祝福 平 安。

（男）宽容 教诲 的阿爸 哟,

扶 上 马背 送 远 行。

4. 接唱

接唱包括个人对个人的接唱、个人对小组的接唱以及小组对小组的接唱。常见的形式是半句半句地接唱或一句一句地接唱,如《这是小兵》。

这是小兵

王履三 曲

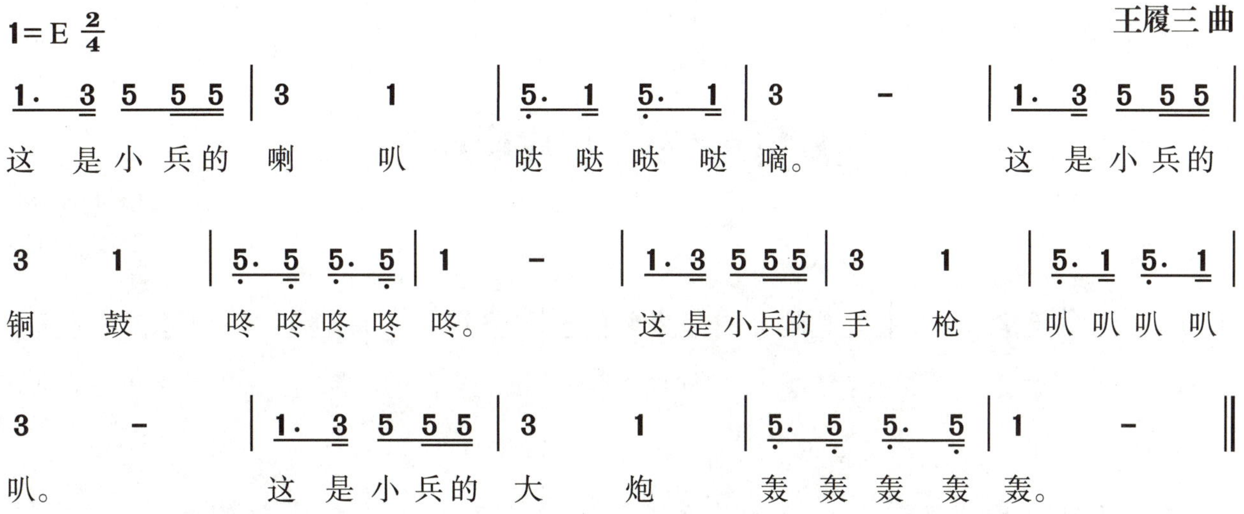

1=E 2/4

这 是小兵的 喇 叭 哒哒哒哒嘀。 这 是小兵的

铜 鼓 咚咚咚咚咚。 这是小兵的 手 枪 叭叭叭叭

叭。 这 是小兵的 大 炮 轰轰轰轰轰。

方案一：甲……乙……

方案二：甲……乙……甲……乙……

5. 对唱

对唱在形式上与接唱类似,内容上更强调问答式的呼应。常见的形式包括个人与个人、个人与小组（或集体）、小组与小组之间的问答式歌唱,如《雪花和雨滴》。

雪花和雨滴

1=D 2/4
♩=72

| 1 | 1 2 | 3 3 3 4 | 5 5 5 6 | 5 — | 5 4 3 |

是　谁　　敲着窗户　沙沙沙沙　沙？　　是　我，
是　谁　　敲着窗户　嘀嘀嘀嘀　嘀？　　是　我，

| 4 3 3 | 4 4 4 2 | 3 — | 1 | 1 2 | 3 3 3 4 |

是　我，　我是小雪　花。　　我　从　天空中
是　我，　我是小雨　滴。　　我　从　天空中

| 5 6 5 | 3 — | 5 4 3 | 4 3 2 | 3 3 2 2 | 1 — ‖

飘　下　来，　　告诉你　告诉你　冬天来到　了！
落　下　来，　　告诉你　告诉你　春天来到　了！

6. 领唱齐唱

　　领唱齐唱是指一个人或几个人演唱歌曲中比较主要的部分，集体演唱歌曲中配合的部分，如《我有一双勤劳的手》。

我有一双勤劳的手

孙自伦 天河 词
潘振声 曲

1=C 2/4

| 1 5 1 2 | 3 2 3 1 | 3 2 3 1 | 5 5 6 5 3 | 2 3 1 2 | 2 3 1 2 | 3 3 5 3 2 |

我有一双　勤劳的手，勤劳的手，样样　事情　都　会做，都会做。洗手　绢呀，

| 3 3 5 3 2 | 3 6 5 5 | 3 6 5 5 | 3 3 5 3 2 | 1 2 · 1 | 2 3 5 | 2 — |

洗袜　子呀，叠被子呀，钉纽扣呀，自己的事情自　己　　做，自己　做！

| 6 6 5 | 3 5 6 1 | 5 6 5 3 | 2 3 5 | 6 5 3 5 | 6 5 3 2 | 1 2 3 | 1 — ‖

妈妈　她　说我是个好孩　子　呀，爸爸他也　常常夸奖　我，夸奖　我！

7. 歌表演

歌表演是指一边歌唱一边做身体动作表演。这些身体动作表演可以是有明确节奏的，也可以是没有明确节奏的；可以是表现歌词内容的，也可以是表现歌曲情绪的，或仅仅是表现与歌曲相配合的节奏的；可以是有空间移位的，也可以是在原地站着或坐着做的，或者只用手或脚甚至其他某个单一的身体部位来做的。如《小小蛋儿把门开》。

小小蛋儿把门开

陈镒康 词
王志刚 曲

1=E 4/4

| 1 3 1 3 | 1 5 5 5 — | 3 5 3 5 | 3 2 2 2 — |
| 小 小 蛋 儿 把 门 开， 开 出 一 只 小 鸡 来。

| 1 3 1 3 | 5 4 4 4 — | 5 5 4 4 3 3 2 2 | 7 5 6 7 1 — ‖
| 毛 茸 茸 呀 胖 乎 乎 叽叽 叽叽 叽叽 叽叽 唱 起 来。

（四）歌唱的技能及其作用

1. 帮助幼儿掌握正确的歌唱姿势、发声方法

正确的歌唱姿势是：身体和头部正直，两眼平视，肩膀放松，两臂自然下垂或自然放在腿上，不倚靠椅子。演唱时做到自然呼吸，不拼命抬头，不耸肩，嘴巴自然张开，下巴自然放松，不使劲叫喊，在乐句和乐句之间换气，一般不在句子中间换气。

2. 培养幼儿良好的倾听习惯和合作技能

教师应培养幼儿注意倾听自己和他人的歌声，不超前也不拖后；共同歌唱时不使自己的歌声突出，且与他人整齐一致；轮流歌唱时准确地与其他人或其他声部和谐衔接；配合歌唱时努力保持各个声部之间在音量、音色、节奏上的协调性，以及在内心情感体验、声音表现、体态动作、表情交流（包括目光交流）与配合方面的协调性等。

3. 培养幼儿从小保护嗓音的意识

在幼儿园的集体活动中，幼儿讲话的声音通常很大，有的甚至大声哭闹喊叫，歌唱时更是愿意比谁的声音大，"大"到自己都听不清自己的歌声。这种情况下，想要调节声音的音色、音准等根本就无从谈起，而且对嗓音的保护及身心的健康都是十分不利的。所以，应从小培养幼儿用自然声讲话、歌唱，不长时间大喊大叫和歌唱；不在剧烈运动时大声叫喊和歌唱；不在空气污浊的环境中歌唱；不在伤风感冒、咽喉发炎的时候歌唱，感到不舒服时要暂停、休息或自我调整等。教师在歌唱活动中，要注意所选歌曲的定调须合理、适合本班幼儿的实际水平，歌唱活动的时间应适中等，这些都是保护幼儿嗓音的必要措施。教师不仅要学会在日常活动中保护幼儿的嗓音，还要注意培养幼儿自我嗓音保护的意识和习惯。

四、幼儿园歌唱活动的材料选择

在选择歌唱活动的材料时，既要符合幼儿的年龄特点，又要有利于幼儿歌唱能力和整体素质的发展。鉴于此，选择歌曲时应考虑歌词和曲调两个方面。

（一）歌词的选择

在学习唱歌的过程中，幼儿最先学会的是歌词，歌曲的歌词往往就是一首顺口的儿歌。它应当具有下述特点。

1. 语言易懂，便于记忆

由于幼儿年龄小，生活经验有限，掌握的词汇不多，对事物的理解能力尚在发展中，因此，为幼儿选择的歌曲，其歌词应当形象生动、浅显易懂，尤其是为小班幼儿选择的歌曲，其歌词还须有口语化、儿语化的特点。歌词中所反映的内容应该是幼儿熟悉和喜欢的、贴近他们生活的。许多歌曲使用拟人拟声的手法，把动植物、自然现象、交通工具、生活事件等事物转换成生动有趣的形象。这样的歌曲能引起幼儿的好奇心，激发他们学习的热情。一些押韵句子、象声词、无意义音节（如咕嘟咕嘟、啊呜啊呜等）的嗓音游戏也让幼儿很感兴趣。如《我是汽车小司机》，这首歌曲运用了"嘟嘟"的象声词，把汽车喇叭声比喻为有生命的动物的叫声，符合幼儿的象征性思维，能激发他们的表演欲。此外，短小工整的歌词朗朗上口，也容易被幼儿记住。

2. 主题明了，内容丰富

适合幼儿学习的歌曲应主题单一、明了，一首歌曲最好只突出一个主题。随着幼儿年龄的不断增长，他们感兴趣的事物越来越多，兴趣范围也越来越广，因此教师选择歌曲的种类也应逐步丰富。可以选择边玩游戏边演唱的歌曲，如《拉个圈圈走走》；可以选择和生活中的常规活动有关的歌曲，如《我爱洗澡》《洗手歌》；可以选择教给幼儿文明礼貌、社会知识的歌曲，如《看谁最懂礼貌》《祖国祖国我们爱你》；还可以选择描绘自然现象、动植物、人物生活等内容的歌曲，如《火车开了》《春天在哪里》，让幼儿在歌唱活动中发现世界的精彩。

3. 富有童趣，易于动作表现

幼儿天真烂漫，富有想象力和爱心。好的歌词经常使用拟人、比喻、夸张、诙谐等富于想象的表现手法，将童心、童趣和童爱注入歌曲所表现的事物或事件中，使幼儿产生共鸣，在情感上打动幼儿，将情感、想象、音乐融为一体。此外，幼儿学习歌曲时往往都以动作相伴随，以动作来实现对歌曲的理解和表达。因此，可以边唱边做动作的歌词，更有利于幼儿记忆，提高其节奏感和动作的协调性，如《小宝宝爱洗澡》。

小宝宝爱洗澡，满身肥皂大泡泡，这边搓搓，那边搓搓，干干净净真漂亮。

这首歌曲描述的是幼儿洗澡的情景，内容简洁明了，幼儿可以边唱边用动作来表现，很容易学会。

（二）曲调的选择

为幼儿选择的歌曲，其曲调一般应具有以下特点。

1. 音域较窄，篇幅较短

只有在合适的音域内唱歌，幼儿才不容易走音，才能唱出优美的旋律。一般来说，各年龄段幼儿比较适宜的音域是：2~3岁不超过五度，以e~g为宜；3~4岁不超过六度，以e~a为宜；4~5岁不超过八度，以c~c为宜；5~6岁不超过九度，以b~c或c~d为宜。一般而言，教师所选歌曲的音域应当控制在上述范围之内，但也要避免机械、绝对地处理音域问题。如有的歌曲虽音域较宽，但主要旋律在幼儿最感舒适的音区内进行，偶尔有个别音超出这个范围，也不影响幼儿学习。此外，由于幼儿肺活量较小，气息短促，一般应从乐句较短、歌词内容较少的歌曲开始学习。

2. 节奏较简单，旋律较平稳

为幼儿选择的歌曲不宜使用变化快、规则性不强的节奏。一般而言，适合小班幼儿演唱的歌曲应主要由四分音符、八分音符组成；供中班、大班幼儿演唱的歌曲一般多由四分音符、八分音符、十六分音符以及少量的附点音符组成。在幼儿歌曲中，还应善于运用重复多见的节奏。幼儿歌曲使用的拍子，也是以四二、四三、四四拍为主，八三、八六拍比较少见，复合拍更是罕见。幼儿一般不适合唱旋律起伏太大的歌曲。他们比较容易掌握的是三度和三度以下的音程，同音重复也包括在内。音程的跳进（三度、四度为小跳，五度以上为大跳）要少用，特别是大跳，对于幼儿而言演唱起来比较吃力，音准不易掌握。因此，幼儿适合演唱音程以级进方式为主，同音反复多见且旋律较为平稳的歌曲。如《我爱我的幼儿园》，这首歌曲的旋律以级进为主，比较流畅，幼儿演唱起来也比较容易，非常适合小班的幼儿。

3. 结构较工整，词曲关系较简单

幼儿一般不宜唱过长的歌曲。为4岁以下幼儿选择的歌曲，以含2~4个乐句为宜，总长度一般在8小节左右；为4岁以上幼儿选择的歌曲，可含有6~8个乐句，总长度在16~20小节为宜。

为幼儿所选歌曲的乐句也不宜过长。在中等速度的情况下，二拍子或四拍子的歌曲一般以每句四拍为宜；三拍子歌曲一般以每句六拍为宜。在速度较快的情况下，5~6岁的幼儿偶尔也可以唱含稍长乐句的歌曲。4岁以下幼儿所唱的歌曲，大多数应为一段体或一段体的分节歌。5~6岁幼儿可以偶尔唱一些简单的两段体或三段体歌曲。

拓展延伸

歌唱发声练习

1. 气息练习

在四四拍固定音型的音乐伴奏下，用语气词练习气息。需用口鼻联合吸气，吐音时

打开口腔，放松喉头，用腹部力量进行发声。

‖:× 0　× 0　× 0　× 0:‖× 　× － －:‖

（1）he　he　he　he　　a　yi

（2）hei　hei　hei　hei　　ma　mi

（3）ha　ha　ha　ha　　da　di

2. 共鸣练习

（1）胸腔共鸣如牛叫："哞——"

（2）喉部声音如虎啸："哇鸣——"

（3）喉部张力如羊叫："咩——"

（4）鼻腔共鸣学猫叫："喵——"

（5）唱高音学公鸡叫："喔喔喔——"

课后实训

1. 搜集适合各年龄段幼儿的歌曲各5首，并学会有感情地演唱歌曲。

2. 谈谈该如何为幼儿选择合适的歌曲。

3. 选择一首歌曲，设计幼儿园集体歌唱教学活动方案，分小组进行试教，班级分析点评。

第二节　舞蹈的基本动作与创编

一、幼儿舞蹈的定义

幼儿舞蹈是一种专门为幼儿设计的舞蹈形式，它结合了简单的身体动作和音乐节奏，形象直观、生动活泼、富有感染力，易于被幼儿接受。幼儿舞蹈旨在促进幼儿身体协调能力、创造力、自我表达能力和社交能力的发展，是能够集中反映幼儿生活、促进幼儿身心健康发展的一种艺术教育活动。幼儿舞蹈通常注重过程而非结果，强调让孩子们在游戏中学习舞蹈的基本元素。

二、幼儿舞蹈的特点与功能

幼儿舞蹈作为一种特殊的舞蹈形式，其特点和功能都与成人舞蹈有所不同。幼儿舞蹈突出表现为活泼、天真、夸张、有趣。从幼儿心理、生理的角度来看，它具有以下特性：一是"短小"，即舞蹈时间短，内容短小精悍；二是"浅显"，即舞蹈结构简单，易于理解，有一定的简单情景；三是"幼稚"，即反映出幼儿的心理特点，富有"童心"与"童趣"。幼儿舞蹈蕴含着幼儿对"真、善、美"的感受及其独特的表达方式，真实地反映出他们的生活情趣，因此表现得更为欢快、简洁、明朗。通过舞蹈教育活动，能够使幼儿受到美的熏陶，激发幼儿自我表现和自我表达的意识与欲望，塑造幼儿的健美身姿及其对节奏的感受力，发展幼儿动作的协调性，培养幼儿良好的道德品质，从而促进幼儿强健体魄、健康个性和健全人格的形成，使幼儿得到全面的发展，达到寓教于乐的目的。

（一）舞蹈教育的综合性

幼儿的生活是丰富多彩的，幼儿的情感、思想也是丰富多样的。不同年龄段的幼儿有着不同的生活环境，不同的生理和心理特征，不同的喜好和所关心的事物，这都使得可供我们选择的幼儿舞蹈题材极为广泛。现实生活中幼儿感兴趣的神话传说、童话寓言，大自然中的花鸟鱼虫、山水风雨，以及童幻世界中的一切，都可以被编成舞蹈，从而塑造出生动鲜明的舞蹈形象。随着幼儿舞蹈题材的不断扩展，舞蹈体裁和形式也相应地更为多样化。因此，幼儿舞蹈除了可以选择我们常见的抒情性舞蹈和叙事性舞蹈，还应当提倡多选用歌舞、歌舞剧、小舞剧等体裁的舞蹈，这能使幼儿舞蹈教育的内容更加丰富多彩、绚丽多姿。

（二）舞蹈教育的明晰性

幼儿舞蹈教育的明晰性表现为情节内容的通俗性、直观性和动作技巧的简单易学、灵活自如。幼儿舞蹈所表现的内容一定要能让幼儿明白其含义，这样小演员们才能表演好，小观众们也才能接受。当然，对不同体裁的舞蹈作品，对其内容的明晰性有不同的要求。如对于有情节的舞蹈来说，其所表现的人和事一定要脉络清晰、条理分明，切忌逻辑混乱；对于抒情性的舞蹈而言，其所表现的人物要情感鲜明，不能含混不清；而对于戏剧性的舞蹈，则要求其中的人物性格突出，故事情节和矛盾冲突的发展要简洁明了，起、承、转、合都要循序展开。只有如此，幼儿舞蹈教育才能具有艺术感染力，收到应有的艺术效果。

（三）舞蹈教育的模仿性

幼儿通过模仿来学习舞蹈动作，这与他们日常生活中的模仿行为相符。在模仿中，幼儿的语言表达能力得到提升，动作的协调性得到锻炼，思维更加活跃，智力水平也得到提高。幼儿在模仿中成长，在模仿中显露他们的稚气，坦露他们的纯真和乖巧。因此，幼儿的各项能力都是从模仿开始的，包括幼儿对动物的模仿——小兔跳、蝴蝶飞、小马跑等；对植物的模仿——小草发芽、小树长高、花儿开放等；对人物的模仿——老爷爷、解放军、火车驾驶员以及电影电视里的儿童人物角色等；对自然现象的模仿——河水流、云儿飘、太阳照、月亮升等。

动作的模仿性是幼儿舞蹈最显著的特点之一。可以《小骑兵》为例。这是一个简单的歌舞表演，刻画了一位勇敢的小骑手的形象。其动作以模仿骑马的姿式为主，再利用欢快的跑跳步、小跑步加强对人物形象的刻画，并配合歌词模仿"骑马""吹号"等动作，显得生动活泼、英勇神气，因此能够很好地调动幼儿学习舞蹈的积极性。又如幼儿舞蹈《鼠哥娶亲》，穿着由传统大花布制成的及被衫的小老鼠、聘礼、唢呐、背新娘等传统元素被融入作品之中，使舞蹈充满了传统的民俗气息。舞蹈形式则以中国传统的秧歌舞步以及民俗舞蹈中著名的跑旱船为基础，并针对幼儿身体发展的特点进行了改编，这成了整个舞蹈的点睛之笔。舞蹈过程中，穿着传统大花布衣裳、拿着唢呐的小老鼠晃头、扭腰地踏着秧歌步，把娶亲前的气氛烘托得喜气洋洋；老鼠新娘三五成群，一字排开与身前的老鼠新郎配合，时起时伏，随着音乐旋转、跳跃，让整个舞蹈的衔接更加自然紧凑。整部作品都是用幼儿的眼睛去观察和发现世界，从"童心"出发去模仿他们喜欢的事物。正是这种模仿性，使幼儿舞蹈具有更强的艺术感染力。

（四）舞蹈教育的童趣性

舞蹈是艺术表现的一种手段，而幼儿舞蹈则是一幅色彩斑斓的画，是一首天真无邪的诗，是童心的展示，是童趣的描摹。幼儿舞蹈教育是幼儿音乐教育中比较重要的一部分，动作性较强、艺术性较高，直观形象、生动活泼，深受幼儿的喜爱。我们只要留心观察就不难发现，几乎每名幼儿在开心时都会手舞足蹈地来表达自己的情感。一部好的舞蹈作品，能够使幼儿在受到美的熏陶的同时，还能受到潜移默化的启迪和教育，从而促进其身体素质、思想品德、智力水平及审美能力等综合素质的提高，达到寓教于乐、寓教于美的效果。它不仅符合幼儿的情趣要求，而且会使幼儿在听觉和视觉两方面同时受到艺术的陶冶，这也是艺术素质培养的起点。幼儿园舞蹈是幼儿园艺术教育中不可缺少的一个重要组成部分，它对幼儿身心的健康、情操的陶冶、智力的开发和社会主义精神文明建设都有着促进作用。同时，它也是培养幼儿德、智、体、美、劳全面发展的一种形象、生动、富有感染力、幼儿容易接受的教育形式。

童趣性是幼儿舞蹈吸引幼儿注意力，培养幼儿观察能力、审美能力，提升幼儿参与愿望的重要因素。幼儿舞蹈是幼儿游戏的一种高级形式，对于幼儿来说，在他们学习以外的日常生活中，除了吃饭和睡眠，最主要的活动就是玩耍和游戏，这也是不可缺少的活动。因此，幼儿舞蹈的趣味性和娱乐性应当被摆在首位。只有好玩、有趣，幼儿才爱跳、爱看，才能达到百跳不厌、百看不烦的地步。也就是说只要他们感到舞蹈有趣、有意思，就能够全身心地投入其中并乐此不疲。所以，在考虑舞蹈的题材时，首先应选择幼儿熟悉、喜爱，具有一定积极意义且可以用舞蹈来表现的幼儿游戏及生活内容；其次，应讲究舞蹈语汇的趣味性。

（五）舞蹈教育的童幻性

幻想是以社会或个人的理想和愿望为依据，对还没有实现的事物有所想象，是反映现实生活的一种特殊手段。幻想对于人类而言十分重要，必不可少。童幻主要是指幼儿对未来事物产生想象和充满希望的过程，是创造想象的一种特殊形式。童幻性通常是对幼儿艺术特质进行界定的最有效标志，因为幻想是幼儿心理活动过程中最活跃的因素。童幻性是幼儿舞蹈不可缺少的一个特质，也是其区别于成人舞蹈的一个显著特点。例如，在幼儿舞蹈中，幼儿可以像海鸥一样越过海洋，像云朵一样在天空飘扬，还可以像鱼儿一样在水中游玩。有限的活动场所在他们丰富的想象中变成了无限的游乐世界。他们会把自己放到想象的世界中，超越现实，打破时间、空间的界限，按自己的需要来虚构的形象。他们幻想中的事物比真实情景中的事物更活跃、更富有诗意和色彩。在幼儿舞蹈作品中，他们可以去到任何地方，天上地下、月球太空都无所不通、无所不达。他们可以和蓝天、白云通电话，和海水、鱼儿一起唱歌，可以在月亮上荡秋千，可以像超人一样飞天遁地……幼儿在幻想过程中所表露的真实而强烈的情感，体现了他们愿意对想象的情景进行直接表达的特点。因此，幼儿舞蹈正是展示他们独特心灵景观的"窗户"，也是表现幼儿情感世界最直接的方式之一。童幻性既是幼儿与万物沟通交流的桥梁，又是产生夸张、变形、诙谐、幽默等艺术形式所必须具备的重要条件。如在幼儿舞蹈《未来时空》中，一个孩子梦幻般地来到未来世界，见到了许多机器人以及这些机器人的设计者——未来的自己，便和机器人们一起舞起了太空步，和他们徜徉在美好的未来时空。舞蹈完美地体现了幼儿丰富多彩的想象力，吸引了广大的小观众。

（六）舞蹈教育的游戏性

舞蹈作为一种技能，既是一种身体活动方式，也是一种心智活动方式。舞蹈是肌肉、骨骼与神经系统相配合的运动，但它并不是孤立于身体之上，而是一种与心理活动相结合的活动。随着幼儿的生长发育和身体功能的不断发展，其心理活动也相应地发生了较大的变化，这是婴儿期的心理发展不可比拟的。幼儿产生了新的需求，渴望参加成人的社会实践活动，舞蹈教育能有效促进幼儿心理的良性发展以及对幼儿各种能力的开发。

爱玩游戏是孩子们共同的天性。在幼儿舞蹈教育活动中，教师常常将游戏与舞蹈相结合，让幼儿在舞蹈中游戏、在游戏中舞蹈。"快乐的舞蹈"是幼儿舞蹈教育领域倡导的理念。在舞蹈游戏活动中，让幼儿体验快乐、愉悦身心，其动作模仿力和创造力也会得到提升。

三、幼儿舞蹈分类

幼儿园舞蹈教育的主要内容包括一些基本舞步（如小碎步、小跑步、蹦跳步等）的学习和简单的上肢舞蹈动作（如两臂的摆动、手腕转动等）的练习，以及简单的队形变化。根据舞蹈的作用和目的，幼儿舞蹈可以分为集体舞、表演舞、自娱舞三种。

（一）集体舞

集体舞是幼儿园舞蹈教学的主要形式之一，具有一定的灵活性，可以在歌曲或音乐伴奏下变换队形，舞蹈动作要求整齐、协调。其特点是结构简单、动作统一、轻松愉快、活泼健康、活动量适当。集体舞有以下三种形式。

1. 邀请式

先由一名或几名幼儿作为邀请者，邀请其他幼儿共舞；然后邀请者与被邀请者互换位置，再继续舞蹈，如《请你和我跳个舞》。

2. 游戏式

在舞蹈的基础上开展一些生动、有趣的游戏活动，如《丢手绢》。

3. 接龙式

由一名或几名幼儿带头做动作、走队形，其他幼儿跟随其后做同样的动作或变换队形，如《兔子舞》。

案例分享

请你和我跳个舞

动作说明：先让幼儿手拉手围成一个大圈，然后开始1—2报数。报1的幼儿向前走一步，这样就成了两个圆圈。如果班级男、女人数相等，可以让女孩站里圈，男孩站外圈，然后各自找到自己的舞伴，面对面站好。

1~2小节：

男孩动作：双腿并拢站直，左手放在胸前，右手放在背后，做出邀请的动作；

女孩动作：双臂自然垂于体侧做拉裙子状，右脚向后，脚尖点地，双腿屈膝半蹲。

3~4小节：两人面对面手拉手，做跑跳步4步。

5~6小节：两人双手叉腰，分别伸右脚、左脚。

7~8小节：两人手牵手向右转个圆圈，跑跳步站好。

9~10小节：两人双手叉腰，在"踏踏踏"的节奏上跺脚。

11~12小节：两人各自在胸前伸手，在"拍拍拍"的节奏上拍手。

12~13小节：两人面对面双手叉腰，分别伸右脚、左脚。

14~15小节：跑跳步转个圈站好，同时两人互换位置。

在间奏处交换舞伴，重新找一个小舞伴跳舞。

集体舞有较强的娱乐性，所配音乐的特点是乐句、乐段短小，曲调形象生动，节奏鲜明、旋律优美。集体舞的队形主要有单圈、双圈、横排、竖排、斜排等。教学时要注意考虑集体舞的特点，队形不宜繁杂多变；要考虑幼儿在舞蹈过程中变换位置时动作要协调统一，队形的变化要自然、流畅、恰到好处；还要保证全体幼儿都能参与，重在发展幼儿在集体舞中适应位置变化的能力和人际交流的能力。

（二）表演舞

表演舞是幼儿通过舞蹈动作和表情，对作品内容进行表达的一种幼儿舞蹈艺术形式。表演舞题材广泛、主题突出，有特定的情节内容和角色，有动作及队形的变化，有服装、道具、舞美的配合，观赏性更强，对舞蹈内容与形式的要求也更高、更丰富。表演舞可以源于对平时所学歌曲或简单舞蹈的再加工，可作为节日表演的内容。舞蹈表演有利于增强幼儿的表现欲，提高其表演水平。表演舞的表现手法主要包括直接和间接两种。

1. 直接表现

用对日常活动的直接再现来构成特有的舞蹈动作，表现幼儿的生活与学习状态，具有浓郁的生活气息，形象具体、逼真。

2. 间接表现

用带有浪漫色彩的、拟人化的表现手法将一些并不真实存在的事物，如寓言、故事、神话以及鱼、虫、花、鸟、自然景物等意境融入舞蹈动作中，生动地表达幼儿的美好愿望和情感，创造出比真实生活更完美、更理想的意境。

（三）自娱舞

自娱舞就是幼儿自由想象、自由发挥，在自娱自乐中尽情舞蹈。幼儿根据自己对音乐的理解，充分发挥他们的创造能力、想象能力和表现能力，自己创编舞蹈动作并进行即兴表演。舞蹈可以培养幼儿的自信心，能让他们学会用肢体语言表达自己的思想、抒发情感。

四、幼儿舞蹈的基本动作与动态

（一）幼儿舞蹈的基本动作

幼儿舞蹈的基本动作涵盖了多种不同的元素，旨在帮助幼儿建立基本的身体控制能力，学习舞蹈技巧。下面是一些常见的幼儿舞蹈基本动作的详细介绍。

1. 手的基本动作

（1）提腕：一手手腕关节做向上提的动作，另一手保持背手状态。

（2）压腕：一手手腕关节做向下压的动作，另一手保持背手状态。

（3）摊手：一手手腕关节由里向外绕腕，成掌心向上状，指尖向前且微向下倾，另一手保持背手状态。

（4）推手（推掌）：一手手腕关节由外向里绕腕，成掌心向前状，立掌，另一手保持背手状态。

2. 脚的基本动作

（1）交替步：两拍一步，左脚和右脚交替进行，动作节奏不均等，需要反复练习才能掌握。

（2）进退步：新疆舞的基本步法，实际上是一前一后地垫步，两拍一步，右脚和左脚交替进行。

（3）小铃铛步：很灵巧的儿童舞蹈步法，两拍一步，开始时是双脚以碎步急速行进，然后左脚踏地屈膝，身体稍向左倾，同时右脚绷直向右前方擦出离地。

（4）苗族踏跳：苗族风格的幼儿舞蹈基本步法，两拍一步，左脚踏一步，同时右腿屈膝勾脚抬起，然后左脚原地轻跳，同时右脚向左前方伸脚跟。

3. 其他基本动作

（1）踮起脚尖向前走：此动作是为了训练幼儿舞蹈时的良好姿态，也是为学习碎步打好基础。练习时先在原位踮起脚尖，再开始向前走。

（2）蹦跳步：即提起脚跟并脚跳。

（3）小碎步：动作节奏较为灵活。通常应用于二拍和四拍音乐中，也可以应用于三拍音乐中。正步位踮脚准备，双脚脚掌着地并快速交替移动。注意腿部不要僵直，膝关节要微微弯曲，舞步碎小，上身平稳不晃动。训练时可结合舞蹈的需要和情感表达的要求搭配上肢或全身动作，如模仿小鸟和飞机的飞翔等。

（4）并点步：动作节奏应用于二拍音乐。正步站立，双手叉腰准备。左脚向旁踏地，右脚的前脚掌并于左脚内侧点地，同时双膝弯曲。可两脚交换连续重复以上动作。

（5）平踏步：动作节奏基本上应用于二拍和四拍音乐。正步站立，双手叉腰准备。每步落地时须全脚掌着地，踏地有声。可单腿连续踏地，也可两脚交替踏地。

（6）小跑步：动作节奏较为灵活，可应用于二拍和四拍音乐，也可以在三拍音乐中运用。正步站立，双手叉腰，身体稍前倾准备。动作时两腿交替提膝，脚尖自然下垂，用前脚掌着地，给人以轻盈之感，上身重心平稳，步子有弹性。

（7）钟摆步：有两种做法。动作节奏基本上与二拍音乐相吻合。

第一种做法：大八字位站立，双手做旁按手动作或叉腰准备。第一拍，重心移到左脚，同时身体向左侧倾斜，右腿与整个身体形成一条直线，左脚背绷平；第二拍，保持倾斜体态；第三拍，重心移到右脚，同时身体向右侧倾斜，左腿与整个身体形成一条直线，右脚背绷平；第四拍，保持倾斜体态。如此反复，似时钟的秒针左右来回摆动。

第二种做法：大八字位站立，双手做旁按手动作准备。动作和第一种做法基本相同，只是换脚进行。

（8）踵步：动作节奏基本上与二拍音乐相吻合。正步站立，双手叉腰准备。第一拍，右脚向前方伸出着地，左腿屈膝，身体稍向前倾，塌腰挺胸；第二拍，右脚收回还原。也可以向侧方做踵步，此时身体应向出脚的方向倾斜。

4. 基本功训练

（1）压腿：分为压前、旁、后腿，有助于打开幼儿腿部关节的韧带。

（2）压肩：打开肩部韧带的练习。

（3）推脚背组合：从脚尖到整个大脚背都要活动开，训练脚背的灵活性。

（二）幼儿舞蹈的基本舞姿

1. 模仿生活动作的舞姿

此类动作通常是从日常生活中汲取灵感，并通过舞蹈的形式展现出来，这样的舞姿既贴近幼儿的生活经验，又能让他们在舞蹈中感受到乐趣。下面是一些简单的模仿生活动作的幼儿舞姿示例。

（1）洗手舞。

动作描述：双手搓揉，模仿洗手的动作。双手轮流做，仿佛正在用水冲洗。可以加上点头动作或微笑的表情，表现洗手时的快乐心情。

（2）打扫舞。

动作描述：双手持虚拟的扫帚或拖把，模仿打扫地面的动作。可以左右移动、上下挥动，就像真的在清洁房间一样。脸上可以带着认真的表情，表现出认真打扫的样子。

（3）吃饭舞。

动作描述：双手模拟拿勺子和碗的动作，假装在吃饭。嘴巴张开，做出吃东西的样子。可以加上点头动作，表示食物很好吃。

（4）睡觉舞。

动作描述：双手放在头部下方，模拟枕头。身体轻轻摇晃，模仿睡觉时的呼吸。可以闭上眼睛，表现出安静睡觉的模样。

（5）洗澡舞。

动作描述：双手做出泼水的动作，仿佛正在洗澡。脚步轻轻踏动，模仿在水中走动的感觉。可以加上开心的笑容，表现出洗澡时的愉快心情。

（6）看书舞。

动作描述：双手捧着虚拟的书本，做出翻页的动作。身体可以稍微倾斜，表现出专注阅读的样子。可以加上点头动作，仿佛在思考书中的内容。

这些模仿生活动作的幼儿舞姿简单有趣，能够帮助幼儿更好地理解日常生活中的各种行为，并通过舞蹈形式表达出来，从而增强他们的身体协调性和表达能力。

2. 模仿动物动作的舞姿

模仿动物动作的舞姿既有趣，又能激发幼儿的创造力。以下列举一些简单有趣的模仿动物动作的舞姿示例，适合幼儿学习。

（1）小鸟飞翔。

动作描述：双臂伸直，模仿小鸟翅膀展开的样子，上下挥动双臂，仿佛在飞翔，脚尖轻轻踮起，做出飞翔的姿态。

（2）小兔跳跳。

动作描述：弯曲膝盖，模仿小兔子的蹲坐姿态。用双脚轻轻弹跳，模仿兔子跳跃的动作，

双手放在头顶两侧,做出兔子耳朵的样子。

(3)小猫伸懒腰。

动作描述:先蹲下,然后慢慢伸展身体。双手向上伸展,仿佛小猫在伸懒腰。可以稍稍地弯曲脊椎,模仿小猫伸展时的弧度。

(4)小熊漫步。

动作描述:模仿熊走路的样子,脚步缓慢而沉重。双手放在胸前,手指微微弯曲,模仿熊掌。身体可以轻微摇晃,表现出熊憨态可掬的模样。

(5)小狗摇尾巴。

动作描述:双手放在臀部后面模仿小狗的尾巴。快速地左右摇晃双手,模仿小狗摇尾巴的动作。同时可以发出"汪汪"的声音,增加趣味性。

(6)小蛇游动。

动作描述:躺在地上,身体像蛇一样波浪式地前进。双手可以放在身体两侧,辅助身体的起伏。头部随着身体的移动轻轻摆动,模仿蛇游动的姿态。

这些模仿动物动作的舞姿简单有趣,非常适合幼儿学习。通过模仿不同的动物,不仅能增强幼儿的身体协调性,还能培养他们的观察力和创造力。

3. 模仿自然动作的舞姿

模仿自然界中的元素和生物是创造幼儿舞蹈的一种非常有趣的方式。这些动作不仅能够帮助幼儿了解大自然的美好,还能激发他们的创造力和想象力。以下是一些简单的模仿自然动作的舞姿示例。

(1)风吹草动。

动作描述:双手放在身体两侧,手指轻轻分开。身体轻轻摇摆,模仿被风吹动的草。双手也随身体的摆动而摇摆,表现出草在风中摇曳的样子。

(2)树叶飘落。

动作描述:双手高举过头,手掌向下。缓慢放下双手,模仿树叶缓缓飘落。身体可以轻轻旋转,表现出树叶随风飘舞的情景。

(3)小雨滴落。

动作描述:双手合拢,指尖朝下,从高处慢慢放下双手,模仿雨滴的下落。脚尖轻轻点地,表现出雨滴轻轻触地的感觉。

(4)彩虹出现。

动作描述:双手在胸前画半圆,形成彩虹的形状。身体可以随着双手的移动而微微转动。面带微笑,表现出看到彩虹的喜悦心情。

(5)小河流淌。

动作描述:双手在身体两侧做波浪状的流动动作。脚步轻轻踏动,模仿水流的声音。可以一边走一边做动作，表现出河水流淌的样子。

（6）星星闪烁。

动作描述：双手在胸前快速交替拍打，模仿星星闪烁的样子。脚步轻轻跳跃，表现出夜晚星空的轻盈感。可以加上眨眼的动作，增加趣味性。

课后实训

请创编集体舞"洋娃娃和小熊跳舞"。该舞蹈旨在促进幼儿之间的相互交流以及发展随幼儿音乐做动作的能力。

提示：全体幼儿围成内外两圈，外圈幼儿扮洋娃娃，内圈幼儿扮小熊。

洋娃娃和小熊跳舞

[波兰]M.卡楚尔宾娜 词曲
李嘉训 译配
波兰儿歌

1=C 2/4

| 1 2 3 4 | 5 5 5 4 3 | 4 4 4 3 2 | 1 3 5 0 | 1 2 3 4 | 5 5 5 4 3 |

洋 娃 娃 和 小 熊 跳 舞，跳 呀 跳 呀，一 二 一。 他 们 在 跳 圆 圈 舞 呀，
洋 娃 娃 和 小 熊 跳 舞，跳 呀 跳 呀，一 二 一。 他 们 跳 得 多 整 齐 呀，

| 4 4 4 3 2 | 1 3 1 0 | 6 6 6 5 4 | 5 5 5 4 3 | 4 4 4 3 2 |

跳 呀 跳 呀，一 二 一。 小 熊 小 熊 点 点 头 呀，点 点 头 呀，
跳 呀 跳 呀，一 二 一。 我 们 也 来 跳 个 舞 呀 跳 呀 跳 呀，

| 1 3 5 0 | 6 6 6 5 4 | 5 5 5 4 3 | 4 4 4 3 2 | 1 3 1 0 ‖

一 二 一。 小 洋 娃 娃 笑 起 来 啦，笑 呀 笑 呀 哈 哈 哈。
一 二 一。 我 们 也 来 跳 个 舞 呀，跳 呀 跳 呀，一 二 一。

1~3小节：幼儿两人一组，手拉手叉腰按逆时针方向走，每拍走一步。

4小节：相互看对方并半蹲拍手三次。

5~7小节：动作和1~3小节相同。

8小节：动作和第4小节相同。

9~12小节：幼儿面对面双手叉腰，内圈幼儿做双脚起踵，并跟随节奏点头，外圈幼儿跟随节奏拍手。

13~15小节：内圈幼儿原地半跪叉腰点头，外圈幼儿围内圈幼儿顺时针蹦跳步转两圈，手作提裙状。

16小节：外圈幼儿跳至左边的另一位幼儿面前，内圈幼儿起身拍手三次。

最后的两小节可以作为间奏，间奏部分内、外圈幼儿拍手准备，之后舞蹈继续进行。

第三节　打击乐器演奏的技巧与指导

一、打击乐器演奏能力的发展

打击乐器的演奏主要由大肌肉动作完成，因此对于幼儿来说这是最自然的情感表达工具，也最容易从中获得快乐。生活中我们会发现并非所有的幼儿都喜欢歌唱，有些是生理原因造成的，有些是性格、爱好所致，而且也不是每个幼儿在任何时期都爱好歌唱。对于不喜欢唱歌的幼儿，学习演奏打击乐器就具有重要意义。

现在幼儿园普遍使用的打击乐器主要是由奥尔夫发明的奥尔夫乐器。奥尔夫乐器分为两大类：一类是有固定音高的乐器，一类是无固定音高的系列打击乐器。有固定音高的乐器又称为音条乐器，包括各种高音木琴、低音木琴、中音木琴、高音铝板琴、低音铝板琴、中音铝板琴等，利用琴锤可以演奏出优美动听的旋律。无固定音高的乐器就是通常所说的打击乐器，主要包括皮革类、木质类、金属类、散响类打击乐器以及蛙鸣筒、小钹、小锣等特色乐器。演奏打击乐器是幼儿音乐能力开发的一个重要方面，有条件的地区可以在3岁前就开始发展幼儿演奏打击乐器的能力。幼儿打击乐器的演奏能力包括以下几方面。

（一）乐器操作能力

乐器操作能力是指用乐器演奏出特定音响的能力。进入幼儿园后，幼儿能够接触到一些专门为他们设计制造的打击乐器，他们能够逐步掌握一些主要用大肌肉动作来演奏的打击乐器，如铃鼓、碰铃、圆弧响板、大鼓等。4~6岁的幼儿开始熟悉多种打击乐器，并能更熟练地掌握常见乐器的各种不同演奏方法。他们能够逐步学会使用小肌肉动作演奏乐器，如演奏木鱼、双响筒、三角铁等，还能够通过多种方式来探索同一种乐器的不同演奏方法。在控制、调整用力方式和用力强度，奏出所需要的音量和音色方面，中、大班幼儿也会更有意识地去尝试，而且做得更好。

（二）随乐演奏能力

随乐演奏能力是指在演奏打击乐器的过程中使乐器发出的声响与音乐的节奏协调一致的能力。3岁幼儿的随乐意识和随乐能力都很差，大多数幼儿都不能做到基本合拍地随音乐演奏，而且有部分幼儿会只顾玩弄乐器而忘记演奏的要求。在良好教育的影响下，4~6岁幼儿随乐演奏打击乐器的水平会有比较明显的提高。在这一阶段中，他们不但能够自如地运用简单的节奏跟随音乐合奏，而且会更加自觉地注意倾听音乐，并努力使自己的演奏能够与音乐的速度、力度变化相一致。他们能够学会随着节奏较复杂的音乐演奏打击乐器，甚至在这一阶段的末期，还能学会根据指挥的手势变化而随乐演奏。

（三）合奏能力

打击乐器演奏活动中的合奏能力主要是指在演奏过程中注意倾听自己、同伴、集体的演奏，并努力使每一个人、每一声部的演奏都能服从于整体音乐形象塑造的要求。3岁以前，幼儿几乎很少有集体演奏的经验，进入幼儿园以后，他们能够学会在演奏时与大家一起整齐地开始和结束，能够初步学会理解简单的指挥手势，并能初步体验到合作演奏乐器的愉悦和在演奏过程中愉快地相互注视。4~6岁幼儿能够进一步学会在许多声部的合作演奏中主动关注集体音响效果，能迅速地理解各种指挥手势并积极准确地做出反应；在担任指挥时，能以明确的手势对演奏者做出指示，能以面部表情和体态表情与演奏者进行积极的情感沟通，以唤起全体演奏者的合作表现热情。

（四）创造性表现

创造性表现在此是指在进行打击乐器演奏的过程中根据节奏、音色、速度、力度的变化设计配器方案并进行演奏的活动。进入幼儿园以后，在良好的教育影响下，3岁幼儿能够学会为熟悉的、特征鲜明的音乐形象选择比较合适的打击乐器和演奏方法，如为表现下大雨的音乐选择铃鼓的强奏，为表现下小雨的音乐选择串铃等。4~6岁幼儿在良好教育的影响下，不仅能够积累一定的打击乐作品，还能够学会一些最基本的节奏型并用各种不同的音色来表现配器方案。

二、幼儿园打击乐器演奏活动的主要内容

开展打击乐器演奏活动，可以发展幼儿对演奏乐器的兴趣，使他们在丰富多彩的乐器演奏活动中获得满足感和成就感，提高他们对音乐作品的熟悉和喜爱程度。在幼儿园，打击乐器演奏教育的内容主要有：打击乐曲的选择、打击乐器的选择及要点、乐器选择的注意事项等。

（一）打击乐曲的选择

目前幼儿园常见的打击乐曲并非纯粹的用打击乐器演奏的乐曲，而是伴随音乐的进行用打击乐器来伴奏的打击乐曲。这类打击乐曲一般包含两个部分：一是歌曲或器乐曲，二是根据一首特定的乐曲而专门创作的打击乐器演奏方案，即配器方案。这些配器方案有的是由专业音乐工作者创作的，有的是由幼儿教师创作的，还有的是幼儿在教师的帮助下自己创作而成的。

为学前幼儿选择打击乐器演奏的乐曲时，一般应选择节奏清晰，结构工整且旋律优美、形象鲜明的作品，此外还要考虑以下因素。

（1）为3~4岁幼儿选择的乐曲，最好是幼儿比较熟悉的歌曲或韵律活动的乐曲。乐曲的节奏最好比较简单，结构大多数应是短小的一段体。

（2）为5~6岁幼儿选择的乐曲，可以选用歌曲或韵律活动的乐曲，也可以选用一些器乐曲。乐曲的节奏也可稍复杂一些，结构可以是一段体，也可以是两段体或三段体。在所选择的乐曲中，最好能够包括一些对比比较鲜明的、有规律的音乐元素，即乐曲的乐句或乐段

之间存在比较明显的差异，有利于幼儿理解音乐结构和节奏型的设计。

（二）打击乐器的选择及要点

从用小型的打击乐器进行最简单的即兴节奏表演开始，幼儿就进入了充满神奇、幻想的创造天地。小型的打击乐器价格低廉、操作简易，是幼儿园里应用范围最广、最简便易学的乐器。有条件的幼儿园也可以购买大型的音条乐器进行伴奏的配乐。

1. 乐器和乐器演奏

幼儿园常用的打击乐器，按照音色可以分为四类：第一类是碎响音色组乐器，如沙球、铃鼓、串铃、铃圈等，这类乐器摇奏时声音细碎、毛糙，哗哗作响，打节奏时难以控制，一般不宜表现较快的节奏型，适合演奏长音；第二类是脆响音色组乐器，如木鱼、双响筒、圆响板等，其特点是声音清脆、明亮、短促且无延绵音，通常可以表现节奏较复杂、速度较快的节奏型；第三类是圆润音色组乐器，主要有三角铁、碰铃等，其特点是声音较柔和、音量清脆有延长音，不宜演奏音符多且速度快的节奏型，适合表现弱拍和稍慢的节奏型；第四类是混响音色组乐器，包括大鼓、钹、小锣等，这类乐器音量较大且低沉、浑厚、尖锐，在合奏时要特别小心，一般作为特色乐器使用，不宜持续演奏。还有一些特殊乐器如蛙鸣筒、卡巴萨等，它们可以模仿特定的声音，增强演奏的音响效果。

幼儿园常见打击乐器的具体介绍如下。

（1）大鼓。

大鼓是用皮革蒙在筒状的共鸣箱上，靠用鼓槌敲击引起的振动发音的乐器，其声音比较低，用力击打时能产生很强烈的音响，轻轻击打时又能发出柔和绵长的音响。敲击鼓面的中心位置时，声音浑厚且延续音较长；敲击鼓面的边缘部位时，声音稍脆薄且延续音较短；敲击鼓的边框（共鸣箱），还能获得更脆、更硬、更短的声音。演奏时一般用右手持槌敲击。

（2）铃鼓。

铃鼓是用皮革蒙在带有可活动的金属小钹的木制圆框上，靠用手敲击或摇晃引起的振动发音的乐器，其声音很特殊，既具有鼓的声音，又具有铃的声音。铃鼓可以有多种演奏法，不同的演奏法可使之发出不同的声音，如击奏鼓心时发音较柔和；击奏鼓边时发音较明朗；用手击鼓面时，鼓的声音比较明显；用鼓身撞击身体（如肩等）部位时，铃的声音比较明显；猛烈地摇动时，所发出的音响容易让人感到激动；轻柔地摇动时，所发出的音响会让人感到安宁。

（3）串铃。

串铃是将用金属制成的小铃串固定在圆形、半圆形或棒形的物体上，靠敲击、摇晃或抖动引起的振动而发音的乐器。

（4）碰铃。

碰铃是一对用金属制成的小铃，各自固定在一个可抓握的柄上，靠相互撞击引起的振动而发音的乐器，其声音清脆明亮，音色较柔和，在打击乐器中属高音乐器，音量相对较小。

（5）三角铁。

三角铁由一根弯成等边三角形的圆柱形钢条制成，用绳子悬挂一角，用另一根金属棒敲击发音。其音色与碰铃的音色相似，但音量比碰铃大，延续音也比碰铃长。演奏时一般是左手提着悬挂三角铁的绳子，右手持棒敲击三角铁的底边。如在三角铁的上端快速左右敲击，或在三角铁内快速转动撞击各边，可以产生激动人心的音响效果。

（6）钹。

钹是一对用铜合金制成的圆盘，中央微凸，靠撞击或摩擦发音，其声音响亮，延续音长，在演奏时音色比较粗糙、刺耳。一般的奏法是双手各持一面，相互撞击，或者以边缘相互摩擦，也可将其中一面悬挂在支架上，用锤敲击。敲击时用力的方法、程度不同，发出的声音就不同。如果不需要过长的延续音，可在敲击后将钹面捂在身体上，或用手将其边缘捏住。

（7）锣。

锣是用一个用铜合金制成的圆盘，用绳子固定在可抓握的木柄上，靠用锣槌敲击引起的振动发音。一般有大锣、小锣两种。大锣声音低沉，延续音长；小锣声音明亮，也有较长延续音。大锣一般用软槌敲击，敲其中心时，声音柔和；敲其边缘时，声音较毛糙。轻击时，声音柔和；重击时，声音刺耳。小锣一般用硬槌敲击，轻击时，声音清脆明亮；重击时，声音尖锐刺耳。演奏时，一般是左手持锣，右手持槌。

（8）木鱼。

木鱼是用木头刻制而成的乐器，其外形类似鱼状，中空，在头部开口，用木制敲棒敲击，发音清亮干脆，几乎没有延续音。演奏时一般是左手握住木鱼的"尾部"，右手持敲棒敲打"鱼头"的部位。

（9）双响筒。

双响筒是一段中间有节的木筒，下端装有握柄，靠敲击引起的振动发音。其声音与木鱼很相似——干脆、清亮、无延续音。与木鱼不同的是，双响筒被节分开的两头各自可发出高低不同的音，这两个音大约相差五度。当一下一下地连续敲击时，可发出类似马蹄踏地的声音。演奏时一般是左手持柄、右手持棒，敲击点一般是从节到边缘的中点。

（10）圆响板。

圆响板是由用松紧带连接的两片贝壳状木块构成的乐器，靠相互碰撞引起的振动发音，其声音与木鱼、双响筒很相似，但由于共鸣腔较小，所以声音也更脆、更亮、更短。演奏时可用单手捏合的方法使两板撞击发音，也可将其放在左手手心，用右手向下拍击发音。

（11）蛙鸣筒。

蛙鸣筒是一段带有握柄的木制圆筒。筒的表面刻有若干沟槽，靠竹或木制小棒刮、擦发音。用刮、擦的方式演奏蛙鸣筒，其音色类似青蛙叫。强奏音响刺耳，弱奏音响柔和。蛙鸣筒也可用敲奏的方式演奏，此时音色与木鱼等乐器类似，演奏蛙鸣筒时，一般也是左手持蛙

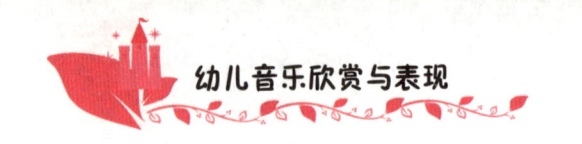

鸣筒的握柄，右手持棒。

（12）沙球。

沙球是用椰壳或塑料制成的空心球体，内装细小粒状物，腔体全封闭。下端装有握柄，靠摇晃或抖动发音。其声音轻柔，有微弱毛糙感。演奏时一般是双手各持一个沙球，用臂带动手腕上下振动，可左右手依次振动，也可双手同时振动。

（三）乐器选择的注意事项

在为学前幼儿选择打击乐器时，一般应考虑以下几个方面的问题。

1. 乐器的音色要好

进口的制作精良的幼儿打击乐器音色好，价格也较高；市场上有一些国内生产的、用代用材料制作的打击乐器，价格实惠。教师为满足教学需要，可以选择实惠型乐器，但要注意乐器的音色。比如，一般不宜选择鼓面是由塑料或铁皮制成的铃鼓。由塑料制成的单响筒、双响筒、沙球等，一般音色尚好，使用寿命也较长。但全部由塑料或铁皮制成的鼓，铁合金制成的锣、钹等，则音色较差，选购时应十分谨慎。

2. 乐器的形状、大小、重量应适合幼儿持握

比如，为幼儿选择铃鼓时，直径一般不宜超过15厘米，最好选用12厘米左右的；碰铃铃口的直径最好在3厘米左右；三角铁钢条的横断面直径最好在3厘米左右；木鱼的底面积一般不应大于幼儿的手掌面积。

3. 乐器的特定演奏方法要适合特定年龄幼儿的运动及抓握能力的发展水平

3～4岁幼儿可以选用的乐器有：铃鼓、串铃、沙球、圆弧响板和碰铃。这五种乐器的奏法类似于幼儿拍手动作，均以手臂的大肌肉动作为主。除碰铃外，其他四种乐器演奏时对手眼协调能力的要求也不高，因此比较适合3～4岁的幼儿。另外，大鼓也是这一年龄段儿童可以选用的。

4～5岁幼儿除了可以继续选用上述乐器以外，还可以选用木鱼、蛙鸣筒、小钹和小锣。木鱼在敲击时需要使用手腕的小肌肉，对手眼协调能力也有一定的要求；蛙鸣筒在刮奏时需均匀地持续用力；小钹和小锣在击奏时需有控制地用力。这些演奏要求比较适于4～5岁幼儿，这一年龄段的幼儿还可以选用铃鼓的摇奏法。

5～6岁幼儿可以增加选用双响筒和三角铁。这两种乐器的演奏对均匀用力和手眼协调都有较高的要求，比较适合5～6岁幼儿。另外，4～6岁幼儿还可以选用圆弧响板的捏奏法、沙球的震奏法和小钹的擦奏法。

三、配器及配器方案的设计

在音乐创作中，配器就是给一段主旋律配上多声部伴奏的总谱的过程。在幼儿园打击乐器的教学中，配器主要是指由教师引导、组织幼儿通过集体讨论的方式，选择适当的节奏型

乐器，为乐曲设计伴奏的活动过程。在配器过程中，教师要注意各种乐器的布局和音色搭配、对比，整个方案应注意和谐、优美，确保能产生良好的共鸣效果和音乐的效果，给人带来愉悦的享受。配器方案主要通过总谱来记录。成人音乐创作中使用的通用总谱即节奏谱（一般用"x"和"0"表示）也可以用来记录配器方案。节奏谱虽简洁明了，但不够生动形象，因此，幼儿园通常会使用变通总谱来记录配器方案。打击乐器演奏活动中常用的变通总谱一般有动作总谱、图形总谱和语音总谱三类。

通用总谱

$1=C\ \frac{2}{4}$

1 2 3 4	5 3 1	i 6 4	5 3
x 0	x 0	x x	x x
铃鼓	铃鼓	碰铃 木鱼	碰铃 木鱼

| 1 2 3 4 | 5 4 3 1 | 2 3 | 1 1 ‖
| x 0 | x 0 | x x | x x ‖
| 铃鼓 | 铃鼓 | 碰铃 木鱼 | 碰铃 木鱼 |

（一）动作总谱

动作总谱是指用身体动作来表现配器方案，比如用拍手、跺脚、转圈、抖手腕等来表现配器方案中的节奏型、音色、速度、力度及结构等。例如，在乐曲《一只鸟仔》第一个乐句中使用了跺脚、拍手等动作。其总谱的意义是：跟随第一行的音乐按照第二行的节奏，做第三行规定做的动作。熟练掌握动作之后，用不同音色的乐器来代替不同的身体动作进行演奏。

在动作总谱的设计中，可以用节奏动作、模仿动作、舞蹈动作等作为总谱的材料，设计动作时要注意音乐的结构、旋律等特点须保持一致。旋律舒展的乐句可以选用舒展的动作来表现，旋律欢快、节奏跳跃的乐句可以用轻快跳跃的动作来表现。一定要注意不宜用难度大且笨重的肢体动作来表现密集的节奏。

（二）图形总谱

图形总谱就是用形状和色彩来表现配器方案，比如用线条、图画、简单的几何图形、乐器的象征图形等来表现节奏、音色、速度的变化和结构。图形总谱一般用于较为复杂的配器方案，可以帮助幼儿更加清晰明了地感知乐曲的结构和音色的布局。幼儿通过观察图谱，可更加清晰地掌握节奏型。图形总谱的学习也要经过徒手练习的阶段。如《小红帽》的图形总谱就是用乐器的象征图形来表示配器方案。

```
              1 2 3 4 | 5    3 1 | 1̇    6 4 | 5    3 |
节奏            ×  0  | ×    0  | ×    × × | ×    × |
图形            ᴏ     | ᴏ       | ,   .    | ,   .  |
```

图形"ᴏ"表示铃鼓，图形","表示碰铃，图形"."表示木鱼。

（三）语音总谱

语音总谱是指用话语来表现配器方案。可以使用动植物的名称、有意义的各种字词、象声词、无意义的音节等来表现节奏、音色和速度。例如，在《花好月圆》的配器方案中，用诗歌"一闪一闪荷花开"来表现 A 段节奏，"呱呱跳跳跳"来表现 B 段的节奏。设计语音时，应尽量使创造出的语音总谱有趣、易记、上口。

《花好月圆》曲谱

```
1=C 4/4

A段：5   5   35 32 | 12 35 2   -   | 5   56 1̇   3̇   | 2̇3̇ 2̇1̇ 6   -   |
     6̇1̇ 2̇3̇ 1̇2̇ 1̇6 | 5    3 2 5   | 3   5   6̇1̇ 2̇3̇ | 5   -   -   -   |
     5   5   35 32 | 12 35 2   -   | 5   56 1̇   3̇   | 2̇3̇ 2̇1̇ 6   -   |
     6̇1̇ 2̇3̇ 1̇2̇ 1̇6 | 5    3 2 5   | 3   5   6̇1̇ 2̇3̇ | 1̇   5   1̇   -   |

B段：1 12 35 1̇ 3̇ 2̇ | 2 23 56 1̇ 3̇ 2̇ | 2̇3̇ 2̇3̇2̇1̇ 6 1̇ 5 | 4 6̇1̇ 5 4 3 2 3 |
     1 12 35 1 3 2 | 2̇3̇ 2̇3̇2̇1̇ 6 1̇ 5 | 3 5 1̇ 3̇ 2̇3̇2̇1̇ 6 | 4 6̇1̇ 5 4̇2̇ 1  -  ‖
```

《花好月圆》语音总谱设计如下。

一闪 一闪 荷花 开，一闪 一闪 荷花 开（重复3次）。

呱呱跳跳跳，呱呱跳跳跳，呱呱跳跳跳，呱呱跳跳跳（重复1次）。

通过以上的案例我们可以看出，幼儿园打击乐器演奏活动中的节奏型应简单、多重复，符合音乐的结构和旋律特点。配器应简洁明了，不宜过于复杂，便于幼儿记忆理解和演奏。图形总谱、语音总谱和动作总谱都是通过各种符号来帮助幼儿感知并理解音乐的节奏和节奏型，在实际运用中，可以同时使用。语音总谱和图形总谱都需要通过动作来实现对节奏型、配器方案的掌握，因此，图形和语音都应清晰明了，能用动作来加以表现。在幼儿正式演奏乐器时，不论哪种变通总谱都是要经过徒手练习来实现。

四、指挥

在幼儿打击乐器的演奏活动中,对"指挥"和"看指挥演奏"相关内容的学习,对幼儿音乐能力的培养和全面发展有着特殊的意义。幼儿打击乐器演奏中的指挥与成人专业音乐活动中的指挥在具体含义方面有较大的不同。在指挥活动中,幼儿学习的内容主要是如何与人沟通、与人合作,以及如何与人相互协调。因此,幼儿指挥者一般情况下可以不必学习专业性的起势、收势和划拍,而只需学习如何自然地开始、结束、轮流、交替和击打出所要求的节奏型,必要时还可用对相应乐器演奏方式的模仿动作作为指挥动作,如在指挥小铃演奏时,可以用双手食指轻轻相触的方式指挥。

与指挥相关的知识技能主要有以下几方面。

(1)知道如何用动作表示"准备""开始"和"结束",并能使自己的动作清楚、明确,易于让被指挥者做出反应。

(2)在指挥时应将两腿稍稍分开,站稳,以便于灵活地将身体转向任何声部。

(3)在指挥时应将身体倾向于被指挥者,用眼睛亲切、热情地注视被指挥者,并能用体态和表情激起被指挥者的合作热情。

(4)知道如何用指挥动作表现节奏和音色的变化,并能使自己的动作与音乐协调一致。

(5)知道在声部转换之前,提前将自己的头部和目光转向下一个将要演奏的声部。在组织建立声部时,尽量使用手势和眼神,减少语言指示。

五、打击乐器演奏的常规要求

(一)活动开始和结束的常规

(1)听到音乐的信号后整齐地将乐器从座椅下面取出或放回。这些音乐信号可以由教师提出,也可以由教师和幼儿共同商议而定。

(2)有些乐器应双手分开持握放在两腿上,如碰铃、沙球等;有些乐器只需单手拿放,如可用左手手掌托住圆弧响板放在腿上;还有些乐器应双手同时持握,如双手同时抓住铃鼓的木制圆框,鼓面朝下,放在腿上等。

(3)开始演奏前,按指挥者的手势整齐地将乐器拿起,做好准备演奏的姿态。如看到指挥者双手向前伸出,手心向上,就表示"拿起乐器做好演奏的准备"。

(4)演奏结束后,按指挥者的手势将乐器放回大腿上。如看到指挥者两手手心朝下,缓缓地放下,就表示"演奏结束,将乐器放在腿上"。

(5)活动结束后,自己收拾乐器和整理场地。

(二)活动进行的常规

(1)演奏时身体倾向指挥者,眼睛注视指挥者,积极地与指挥者交流。

(2)演奏时注意倾听音乐和他人的演奏。

（3）演奏时注意力集中，不做与演奏无关的事情。

（4）交换乐器时，须先将原来使用的乐器放在座椅上（不要放在座椅下面），再迅速无声地找到新的座位，拿起新乐器，坐下后马上把新乐器放在腿上做好演奏准备。交换过程中不与他人或场内的座椅相互碰撞，坐下时不使座椅发出声音或发生移动。

案例分享

案例一 中班打击乐演奏活动："虹彩妹妹"

虹彩妹妹

内蒙古民歌

（曲谱）

歌词：
虹彩妹妹，嗯哎嗨哟！长得好看么，嗯哎嗨哟！
三月里来，桃花开，百花香那么，嗯哎嗨哟！
樱桃小口，嗯哎嗨哟！一点点那么，嗯哎嗨哟！
八月十五月正圆，想起了妹妹，嗯哎嗨哟！

一、活动目标

（1）在熟悉旋律的基础上掌握 |x－x－| ×××－| 节奏型。

（2）在掌握节奏型的基础上，进一步看指挥进行演奏，注意乐器的演奏方法并控制音量。

（3）集体合奏，享受打击乐器演奏的快乐。

二、活动准备

（1）幼儿已经初步熟悉歌曲旋律，能够跟随音乐做集体表演动作。

（2）铃鼓、碰铃、圆响板、大鼓、图谱、音乐播放器。

三、活动过程

1. 歌曲导入，激发幼儿的兴趣，感受歌曲舒展甜美的旋律

（1）播放音乐《虹彩妹妹》。

教师："你们在歌曲中听到了什么？你们觉得这是一首什么样的歌曲？歌曲中的重复内容是什么？"（嗯哎嗨哟）

（2）让幼儿跟随音乐进行动作表演。

教师："把你听到的内容表现出来。""为什么要用这些动作来表现？"

2. 出示图谱，幼儿跟随图谱进行动作表演

"两只老虎"代表节奏型 |x－x－|，"三个五角星"代表节奏型 |×××－|。

（1）幼儿看图谱用跺脚和拍手表现相应的节奏型。

教师放慢演唱歌曲的速度，同时面向不同小组幼儿做不同的动作练习。要求幼儿学会迅速、准确地对教师的身体动作暗示做出节奏动作反应。

（2）教师哼唱旋律，请部分幼儿上台练习节奏型。

（3）播放音乐，引导幼儿根据教师的指挥动作，迅速准确地做出节奏动作反应。

3.幼儿在教师的指导下，探索歌曲的打击乐配器方案并进行演奏

"老虎"部分可以用音量较强的乐器来演奏，如铃鼓、沙球等。"五角星"部分可以用声音柔和的乐器来演奏，如三角铁、木鱼等。

（1）介绍乐器的名称，感知乐器的声响与敲击的方法。

（2）分组领乐器，在教师的指挥下，幼儿集体跟随音乐开始演奏。

（3）在教师的帮助下，请个别幼儿来指挥集体演奏。

（4）交换乐器进行演奏。

案例二 大班打击乐器演奏活动："卖汤圆"

卖汤圆

中国台湾民歌
任刚制谱

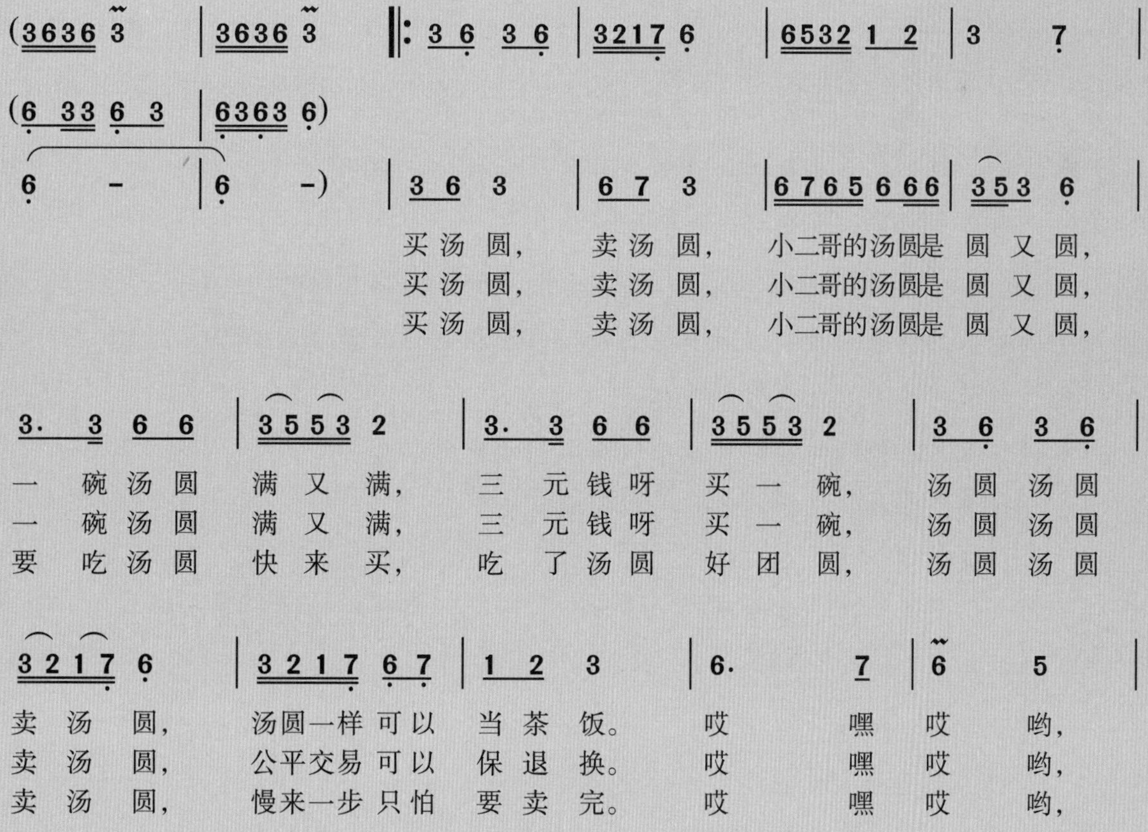

|汤圆 汤圆 卖汤圆，汤圆一样可以当 茶 饭。
|汤圆 汤圆 卖汤圆，公平交易可以保 退 换。
|汤圆 汤圆 卖汤圆，慢来一步只怕要 卖 完。

一、活动目标

（1）初步掌握随《卖汤圆》的曲调进行打击乐器演奏的方法。

（2）在学会歌曲演唱的基础上，看节奏谱演奏乐曲。

（3）学习控制自己敲击乐器动作的力度，力求让乐器发出悦耳的声音。

二、活动准备

（1）幼儿已基本掌握歌曲《卖汤圆》。

（2）幼儿已认识双响筒打击乐器，且已学会敲击，并知道"x x"表示双响筒的高低音。

（3）值日生在教师指导下排好座位并摆放好铃鼓、碰铃、双响筒等乐器。

三、活动过程

1. 复习歌曲《卖汤圆》，唱出幽默、诙谐的情绪

2. 一边看节奏谱，一边在教师的提示下拍手

3. 分声部练习用铃鼓、碰铃、双响筒等乐器演奏拍手动作

（1）看节奏谱，集体做相应的乐器演奏动作。

（2）听音乐，看教师的指挥动作，集体做相应的乐器演奏动作。

（3）听音乐，看教师面向不同小组的指挥，做相应的乐器演奏动作。

4. 分声部进行不同的打击乐器演奏

（1）听音乐并看教师的指挥，各小组用不同的乐器演奏。

（2）听音乐，看教师指挥，集体用乐器演奏。

（3）在教师的指导下，全体学习指挥动作。

（4）在教师不同程度的帮助下，个别幼儿担任指挥，集体演奏打击乐器。

四、拓展练习

（1）让幼儿自由选择、交换乐器，对《卖汤圆》进行打击乐器的演奏练习。

（2）说明《卖汤圆》的配器建议方案。

x——铃鼓、碰铃　　x x 双响筒　　x——三角铁　　x,,,——铃鼓摇奏、碰铃奏第一拍

第四节 幼儿综合艺术教育活动

一、综合艺术教育的含义

综合艺术教育是指通过加强音乐、美术、戏剧、舞蹈等艺术领域之间以及艺术领域与非艺术领域之间的联系，体现"艺术与生活、艺术与情感、艺术与文化、艺术与科学"的紧密关联，从而实现幼儿"艺术能力与人文素养整合发展"的总目标。

（一）内容的综合

还原艺术与外部世界的有机联系，恢复艺术领域内部以及艺术与其他学科领域的沟通，让幼儿在各种关系中学习艺术。首先，艺术领域内部存在着许多共同的语汇，它们交叉融合、互补共生，结合成一个新的综合整体。其次，艺术与人的生活密不可分，很多艺术的素材和形式来源于日常生活，艺术的发展史浓缩地反映了人类社会政治、经济的发展，艺术与哲学、科学、宗教等有着天然的联系。所以，艺术教育只有通过创设艺术的各种关系，才能使幼儿获得完整的知识经验，从而加深对艺术的理解和把握。以幼儿园大班的一次舞蹈活动——"烟盒舞"为例。在这次活动中，若教师只是单纯地教幼儿舞蹈动作，则效果并不理想；其实，教师应该把"烟盒舞"放置在它赖以存在的民族文化环境中，让幼儿了解云南"烟盒舞"的起源，如人们在什么情况下跳此舞，跳舞时着什么服装、用什么道具，每个舞蹈动作代表了什么文化含义，这个舞蹈应该和什么音乐相匹配等，从而使幼儿更好地了解"烟盒舞"，幼儿也就能更容易、更自然地掌握舞蹈动作。

（二）目标的综合

综合艺术教育要实现幼儿的整合发展，促使幼儿建立各种感知觉，实现感觉与知识、智力的整合。其实，每个人天生都有一种潜在的感知觉整合能力，这种能力在幼儿身上表现得更加明显。可是，我们过去的教育对单独感觉过分关注，这在很大程度上扼杀了早期对各种感知觉之间自然联系的认知。应该说，各种感知觉的交汇融合是人的创造力、想象力的源泉，而且与单一的感知觉相比，它能够使人更深入地把握和理解事物。尽管每一种艺术形式在刺激人的感官方面各有侧重，但艺术活动的发生需要调动全身各种感知觉器官，需要视、听、触、动等多种感知觉的协调配合。比如，完美的器乐演奏一定要依靠肢体某些部位细致、精确的运动才能完成。同样，欣赏者也只有调动了全身的感知觉才能更好地感受、理解艺术。所以，在艺术教育中必须鼓励幼儿调动各种感觉器官，使用不同的表达方式参与艺术活动，在体验、操作的过程中灵活运用各种知识。这将有效地促使他们将感知觉和理解相结合，从而获得更加丰富的审美意象和艺术感悟，迸发出更多想象与创造的火花。

（三）活动过程的综合

完整的艺术活动应该包括感知、创作与反思三个环节。这三者是相互依存、相互促进的。没有丰富的情感体验和经验积累，就不可能创作出富有创意的作品；没有创作，也不可能表达、提升人的感受；反思则可以梳理人的思想情感，并进一步激发感受和创作的欲望。传统艺术教育的一大误区就是忽视了在艺术教育中占重要地位的感知、欣赏和批评，仅仅教授创作和表演，结果幼儿只能依葫芦画瓢，缺少真情实感。综合艺术教育则把幼儿视为新型的学习者，这种学习者自始至终需扮演三种相互变换和交融的角色，即感知者、创作者和反思者。他们必须亲自动手创作，但这种创作又是建立在对大师作品的感知和对丰富多彩的日常生活进行联想的基础上，或是在对人类情感和生活有所体验的前提下进行。他们必须善于反思，通过反思将自己感觉到的东西升华，对自己的创作进行回顾。

二、幼儿园综合艺术教育活动的实施

目前，幼儿园综合艺术教育活动主要有两种实施策略：一是从某一艺术门类切入，渗透到其他艺术类；二是围绕特定主题进行探究，融合各艺术门类，建立艺术与其他学科领域的沟通联系。

（一）从某一艺术门类切入，渗透到其他艺术门类

这是在异质同构理论指导下，寻求对各艺术门类间相通、相同部分的统合，如相同特性的情绪、情感，对称、均衡、反复等相同的形式结构，从而产生整体审美效应的综合艺术教育形式。具体来说，可以从音乐、美术及文学来切入，再与其他艺术门类进行综合。下面我们将分别从音乐、美术、文学的不同切入方式来进行介绍。

1. 从音乐角度切入的综合艺术教育活动

歌唱活动、韵律活动、音乐游戏、音乐欣赏活动、打击乐器演奏活动都可以作为组织综合艺术教育活动的切入点。如大班综合艺术活动"大西瓜"就是从律动游戏切入，进而融合了绘画、文学元素，其活动过程如下。

（1）学习玩"插入式"对拍手律动游戏（一人在强拍上拍手，在弱拍上两手分开；另一人在弱拍上拍手，同时将自己的双手插入对方两手中间的空隙，反复进行），逐渐熟悉游戏的伴奏歌曲《大西瓜》。

（2）学唱歌曲《大西瓜》，特别注意体验头上长西瓜的"乐趣"。

（3）创编更复杂的对拍游戏。

（4）幻想头上长西瓜可能会发生什么事情，是好事情，还是坏事情，或者奇妙的事情。画命题画《头上长西瓜》。交流各自的创意以及各种关于利弊的看法，分享情感体验。

（5）绘本阅读：《子儿，吐吐》。

案例分享

大班综合艺术活动："锅碗瓢盆交响曲"

综合艺术活动"锅碗瓢盆交响曲"是从大班幼儿在生活中感兴趣和熟悉的形象、动作出发，将美术、音乐、表演、创作等形式加以融合并统一于幼儿熟悉的事物之中，为幼儿开辟艺术感受和表现的空间，让幼儿不仅能感受生活的艺术，同时也能获得快乐的体验。

一、活动目标

（1）通过音乐，引导幼儿观注厨房中的动作和声音，感受节奏的美。

（2）通过运用多种艺术形式（绘画、手工、游戏、表演）培养幼儿的艺术表现力、创造力。

二、活动过程

1. 感受与体验

厨房序曲。让幼儿欣赏录像，使幼儿初步了解厨房的工作，激发幼儿在厨房工作的愿望。（听辨训练、记忆训练。）

2. 神奇的韵律

（通过播放音乐，启发幼儿感受厨房的节奏和生活中的节奏，发现节奏所具有的活力。）

（1）教师带幼儿到音乐厨房，探索音乐厨房中的节奏。

教师："小朋友们的小厨房很热闹，你们听一听，音乐厨房里更热闹。你们想不想去音乐厨房里逛一逛？"

（2）教师引导幼儿运用生活经验，找寻厨房里的声音与节奏的关系。

教师："你们听到的这段音乐像是在表现厨房里的什么动作？谁能说说？谁能表演一下这个动作？"

教师："我们生活里还有什么动作也是这种节奏？""我播放音乐，请小朋友们把你们想到的用动作表现出来。"（帮助幼儿感知节奏不同的音乐。）

（3）教师播放厨房音乐。

教师："我们再听一听这段音乐表现了厨房里的什么动作？你们想一想还有什么动作和它的节奏是一样的？"

（4）随音乐自由做动作。

3. 动物自助餐

（1）开业准备。

教师："小厨师的手艺学好了，那学会了手艺你们想做什么呢？"

教师："饭店都有什么人？经理是做什么的？厨师是做什么的？服务员是做什么的？"

（2）装饰自己的饭店。

教师："开饭店都需要准备点什么呢？"

教师:"为了庆祝动物饭店开业,我们请小动物来品尝我们的手艺好不好?那让我们想想,森林里有什么小动物?这些小动物都爱吃什么呀?"

教师:"知道小动物的口味了,我们开始准备吧。"(播放音乐厨房的乐曲,厨师开始准备饭菜,服务员把屋子打扫干净,摆上餐具。)

(3)饭店开业。

教师:"森林里的小动物请注意,告诉大家一个好消息,森林动物餐厅开业了!我们的厨师手艺高,饭菜味道好,欢迎大家来品尝。"幼儿扮演的小动物:"动物餐厅开业了,我们去尝一尝吧。"

(4)后厨分组活动。

画制食物、用纸折食物、用橡皮泥捏食物。一位幼儿扮演小记者来采访。

小记者:"请问你们吃的是什么?味道怎么样?你们对他们的服务满意吗?"

小记者:"为了庆祝你们的饭店开业,我们一起合个影吧。"

全体幼儿照相,结束活动。

2. 从美术角度切入的综合艺术教育活动

在绘画活动、手工活动、美术欣赏活动中都可以整合其他艺术门类的活动。如"热烈的感觉:《舞蹈》和《音乐》的欣赏与表现",该活动就是从美术欣赏角度进行切入,整合了韵律活动、文学活动、绘画活动的综合艺术活动。

案例分享

热烈的感觉:《舞蹈》和《音乐》的欣赏与表现

一、活动目标

(1)欣赏马蒂斯的《舞蹈》(Ⅱ)、《舞蹈》(Ⅰ)和《音乐》。通过对画面中色彩、线条及人物动态的对比分析,感受《舞蹈》(Ⅱ)所传达的热烈气氛与感觉。

(2)感受同一主题的不同表现手法的作品之间,以及不同主题但表现手法相似的作品之间在给人带来的审美感受方面的差异。

(3)学习如何在画面上用人物动态及适当的颜色来表达热烈的感觉。

二、活动准备

选择马蒂斯的《舞蹈》(Ⅱ)、《舞蹈》(Ⅰ)和《音乐》作为欣赏材料。德沃夏克的作品《自新大陆》、排箫曲《沉思》作为本活动的背景音乐和供欣赏感受的材料。

操作材料可准备各色卡纸、蜡光纸、水粉颜料、水粉笔等。

三、活动过程

1. 初步欣赏《舞蹈》(Ⅱ),感受画面传达的热烈感觉

引导幼儿讨论作品,可从画面的形式语言,特别是人物的橘红色衣饰及人物与背景

之间强烈的色彩对比中感受画面传达的热烈感觉。

2. 比较欣赏《舞蹈》（Ⅰ），对比感受两幅画所传递的不同感觉

（1）引导幼儿从人物姿态、线条，特别是色彩强度等方面的对比中，感受两幅作品所传递感觉的差异。

（2）用动作模仿和线条模仿的方式，进一步对比欣赏《舞蹈》（Ⅱ）和《舞蹈》（Ⅰ）。

引导幼儿学习如何画两幅画中人物的不同动作，甚至学习画两幅画中表现人物的不同线条。

小结：这是两幅同样表现舞蹈场面的作品，两幅画背景颜色相差不大，人物动作也相似，只是人物字体的颜色不同，表现人物动态的线条不同，因而给我们的感觉就不一样。《舞蹈》（Ⅱ）的颜色对比更强烈，人物的颜色更暖、更红、更热烈，人物的动作和姿态更有力、更奔放，所以整幅画给人的感觉也就更热烈。

3. 比较欣赏音乐

（1）初步欣赏《音乐》，识别、谈论画中的人物和姿态。

（2）倾听宁静悠扬的排箫曲《沉思》，加深幼儿对画面所传递情绪的感受。

（3）比较讨论《舞蹈》（Ⅱ）和《音乐》的异同。

小结：两幅描绘不同主题的作品，其人物和背景的色彩基本相同，但人物的姿态、造型不同，传递的感觉也就很不一样。

4. 介绍画家，了解风格

5. 对不同风格的乐曲加以了解，用动作、绘画对乐曲加以表现

（1）用一定的身体动作和舞蹈语言表现对乐曲的不同感受。可以让幼儿分成几组演示给大家看。

（2）用绘画表现。幼儿根据自己的需要选择以水粉画或剪贴画的形式，用简洁的人物动态和适当的颜色来表达热烈的感觉。

6. 欣赏与评议

同样是从美术角度切入，还可以将对美术作品的欣赏与手工制作进行有机地整合。如布艺欣赏与制作（大班·综合）就是将欣赏与制作相结合，用装饰美化生活的综合活动。

3. 从文学角度切入的综合艺术教育活动

从文学作品切入的综合艺术活动，可以包含绘画、舞蹈、音乐等多种艺术形式。如童话故事《小鼹鼠和她的小花们》就可以和乐曲《洋娃娃的葬礼》进行有机结合。这样的结合，实际上是在创造一种多感官的艺术体验，可以增强情感表达，使观众或参与者能够更深入地理解和感受作品所传递的情感。通过音乐的旋律和节奏，再加上故事情节的发展，可以使观众更容易产生情感上的共鸣，加深对故事的理解。音乐可以帮助营造场景的氛围，如《洋娃娃的葬礼》可能会给观众带来一种悲伤、庄重的感觉，这与故事情节的某些部分相呼应，增强了整体的艺

术效果。文学作品与音乐的结合不仅仅能带来听觉上的享受，通过绘画或舞蹈进行的故事情节呈现能够让观众在一个更加丰富、多元的场景中体验艺术，从而获得更深刻的印象。

对于幼儿来说，这种形式的艺术活动不仅有趣，而且富有教育意义。它可以帮助幼儿学习如何通过不同的艺术形式来表达情感和思想，同时也可以教授他们如何看待生命、友谊以及应该如何面对失去等问题。通过这种方式，不同艺术形式之间的相互作用不仅提升了单一艺术形式的表现力，还创造出了新的、更加丰富的艺术体验。以下为《小鼹鼠和她的小花儿们》原文。

小鼹鼠和她的小花儿们

就在那个冬天的早上，小鼹鼠到花园里去埋葬死去的小花儿，一路上，它哭呀，哭呀，哭得眼睛红红的，他实在太舍不得离开他的小花了。

妈妈把小花儿埋在泥土里，轻轻对小鼹鼠说："不要哭了，小花儿们是在睡觉呢！明年春天，他们一定会回到我们身边来的。"

就在那个冬天的早上，小鼹鼠离开花园回家去，一路上，它想呀，想呀，想得脑袋疼疼的，因为它太舍不得离开它的小花了。

晚上，天上下起了大雪，小鼹鼠跪在床上，对着窗外飞舞的雪花轻轻说："春天快点来到吧！小花儿快点回来吧！"

案例分享

综合艺术教育活动："洋娃娃的葬礼"

一、活动目标

（1）体验、感受伤心的音乐，了解乐句"A-B-A"的结构。

（2）用绘画的方式来表现小鼹鼠盼望春天、盼望再见到小花的心情。

（3）在合作绘画和结伴舞蹈的活动中，进一步体验什么叫"和朋友在一起分享快乐就会有更多的快乐。"

二、活动准备

（1）根据故事绘制图画三幅。

（2）四开白纸若干张，绘画工具。

（3）教师自己画好并剪下的快乐的小鼹鼠若干。

（4）音乐磁带、录音机（除了《洋娃娃的葬礼》，还应有一首快乐的乐曲，如《杜鹃圆舞曲》）。

三、活动过程

1. 配乐故事欣赏

（1）安静地倾听音乐，营造相应的气氛。

（2）教师用简单且富有情感的话语引导幼儿回忆过往的伤心经历，导入活动情境。

（3）教师播放音乐，同时随音乐展示图片和故事绘本。

（4）教师与幼儿一同复述故事内容，并帮助幼儿深化对故事所表达情绪的体验。

2. 听音乐作画

（1）教师暗示幼儿都是一只只小鼹鼠，请幼儿画下自己所做的美丽的梦：春天来了，小花们都回来了。

（2）教师组织幼儿分组作画。

（3）幼儿作画时，教师播放一首快乐的乐曲。

3. 交流和欣赏绘画作品

4. 即兴随乐曲舞蹈

教师组织幼儿围成一个小圈，蹲下来，轻轻地对着地面说："春天快点来到吧！小花儿快点儿回来吧！"教师引导幼儿向后退一点，将圆圈扩大，并说："看！小花儿已经在泥土里要发芽啦，我们再大点声喊他们！"全体幼儿用稍大的声音再说一次："春天快点来到吧！小花儿快点儿回来吧！"教师播放快乐的音乐并说："春天来了，小花儿回来了，小鼹鼠和小花儿们一起跳舞吧！"全体幼儿自由结伴，快乐地随音乐即兴舞蹈。

（二）主题探究式

主题探究式是围绕特定的主题，在构建各艺术门类之间、艺术与其他学科领域之间关联的联系，倡导幼儿进行自主探索、创作的综合艺术教育形式。这些主题可以是从大自然及日常生活中选取的人文或科学主题，也可以是与各艺术门类有关的主题。现在比较多见的是围绕一个人文主题而形成的综合艺术教育活动。比如"我爱大自然"活动就是以美术欣赏为切入点，实现了美术与音乐、舞蹈、文学等其他艺术门类的有机融合，以及艺术欣赏与艺术创造的有机融合。

案例分享

主题探究活动：自然之美——探索与创作

一、学习目标

（1）让幼儿通过亲身体验自然环境，发现自然界中的美。

（2）通过多样的艺术形式表达孩子们对自然的感受。

（3）探究自然科学知识，并将其与艺术创作相结合。

二、活动准备

（1）安排一个安全且自然资源丰富的户外场所，如公园、森林或花园。

（2）准备画板、画笔、颜料、纸张、相机等艺术创作工具。

（3）设计一些引导性的图片和任务卡片，帮助幼儿进行观察和思考。

（4）准备一些简单的科学实验材料，比如显微镜、放大镜、指南针等。

三、活动流程

（1）介绍与启发：教师向幼儿介绍活动目的，并简单讲解一些基本的美学概念。教师可提供一些表现自然之美的图片，比如形状各异的树叶、五颜六色的花朵等。

（2）探索与观察：教师分发任务卡片，让幼儿带着问题去自然环境中探索。鼓励幼儿使用放大镜、指南针等工具，仔细观察和记录所见所闻。积极引导幼儿思考为什么某些自然现象会如此美丽，以及它们是如何形成的。

（3）创作与表达：幼儿可以选择自己喜欢的艺术形式（如绘画、摄影、诗歌、歌曲等）来表达自己对自然之美的理解和感受。课堂上应提供足够的时间让幼儿进行创作，并鼓励他们相互分享自己的作品。

（4）讨论与分享：组织幼儿围坐在一起，分享各自的作品和创作过程中的想法。通过讨论，让幼儿理解每个人对美的感知都是独一无二的。

（5）拓展与应用：引入简单的科学实验，如观察植物如何生长、探讨光合作用等，加深幼儿对自然现象的理解。尝试将艺术作品与科学知识结合起来，比如制作一个关于生态系统的艺术装置。

巩固训练

根据文字提示，编演打击乐小品《假日》。

在一个春光明媚的假日里，晓明独自在家做功课，写字的"刷刷"声在一片宁静中显得很清晰：×××××｜0 0｜

突然，一群同学按响了门铃"叮咚"：×× ｜× －｜

于是，晓明同学愉快地打开房门，同学们蜂拥而入，他们准备在晓明家共度假日时光。

有的同学开始帮忙刷地板：×××× ××××｜

有的同学玩起了电脑游戏：×××× × ｜× ×｜

还有同学进了厨房开始切菜：×× ｜×× ××｜

小提示如下。

（1）以上为特定情景与环境设置了节奏型，使打击乐具备一定的含义，如切菜、写字等。

（2）同学们可以拓宽思路，增设一些场景，并为之编创较为典型的节奏型。

（3）不必完全模仿生活中的真实声音，可作进行想象与拓展，能表达出快乐的心情这一主题即可。

（4）将以上各种节奏型进行排列组合，使之成为一个表达完整的打击乐小品。

单元四
幼儿音乐欣赏与表现活动设计

知识目标

培养幼儿对节奏与韵律的感受能力以及对音乐的感知能力，发展幼儿的自我表达能力。

技能目标

激发幼儿的创造力，鼓励幼儿用自己的方式进行音乐创作和重新编排，发展他们的想象力和创造力；鼓励幼儿进行即兴表演，通过即兴演奏和表演活动，培养幼儿的应变能力和创造性思维。

素养目标

通过幼儿音乐欣赏与表现的相关教学活动，丰富幼儿的音乐经验，培养幼儿对音乐的兴趣和爱好，并促进幼儿认知、情感和创造力的发展。

第一节　音乐游戏的设计与组织

音乐游戏是通过将音乐和游戏相结合来帮助幼儿在轻松愉快的氛围中学习和发展各种技能的活动。这类活动不仅能培养幼儿的节奏感、音感和音乐欣赏能力，还能增强他们的社交能力和创造力。

一、音乐游戏的设计

（一）音乐游戏的种类

（1）音乐椅：在房间中放置几把椅子，椅子的数量应比参与者的总人数少一把。当音乐响起时，幼儿围着椅子走动，当音乐停止时，大家要迅速找到椅子坐下，没找到椅子的幼儿出局。每轮去掉一把椅子，直到最后剩下一个胜利者。

（2）乐器探索：准备一些简单的乐器，如小鼓、铃铛、木琴等。让幼儿自由尝试不同乐器的演奏，鼓励他们根据不同的音乐节奏进行演奏，增加他们对音乐的理解。

（3）跟随音乐动作：播放一些欢快的音乐，引导幼儿根据音乐的节奏做不同的动作，如跳、拍手、转圈等。可以尝试不同风格的音乐，让他们能够体验各种节奏。

（4）识别音乐：播放一些经典的儿歌或乐曲，让幼儿闭上眼睛听。在音乐停止后，让他们猜测是哪首歌，培养他们的音乐识别能力。

（5）音乐接龙：一名幼儿开始唱一个简单的旋律或儿歌，下一名幼儿接着唱相同的旋律，同时可以添加一些动作或变化，鼓励进行创造性的表达。

（6）节奏模仿：教师或引导者首先敲击出一段简单的节奏，幼儿要模仿这个节奏。可以逐渐增加节奏的复杂性，提高幼儿的注意力和协调性。

通过这些游戏，幼儿不仅可以在愉快的氛围中感受音乐的乐趣，还能增强自身的各项能力。

（二）音乐游戏设计

幼儿音乐游戏设计是将音乐元素与游戏活动相结合的一种教育方式，旨在促进幼儿音乐感知能力、运动技能、社交能力和创造力的发展。在设计音乐游戏时，可以从以下几方面着手。

（1）选择适合的音乐：选取旋律优美、节奏感强、适合幼儿年龄的音乐作品。

（2）互动活动：鼓励幼儿参与到音乐表演中，如合唱、舞蹈或乐器演奏。

（3）故事结合：通过讲述与音乐相关的故事，增加音乐欣赏的趣味性和情境感。

（4）引导讨论：在欣赏后，引导幼儿分享自己的感受和想法，提升他们的表达能力。

通过音乐欣赏，幼儿能够在轻松愉快的氛围中学习和成长，促进自身综合素质的发展。

案例分享

一、音乐故事盒

目标：通过故事和音乐的结合激发幼儿的想象力和创造力。

材料：多种乐器（如小铃铛、手鼓、沙锤等，如图1所示）、绘本或故事卡片。

活动步骤如下。

（1）选择一个简单的故事。

（2）每名幼儿选择一种乐器，在故事的特定部分使用乐器来增强故事情节的表达力度，如当故事中出现小动物时，使用手鼓模拟动物的声音。

（3）故事结束后，让幼儿分享他们选择的乐器和活动感受。

图1　各种可选乐器

二、音乐椅子游戏

目标：通过游戏锻炼幼儿的听觉敏锐度、反应能力和协调性。

材料：椅子（数量比参与者总人数少一把）、音乐播放器。

活动步骤如下。

（1）将椅子排成一个圆圈，音乐开始播放时，幼儿围着椅子走动（见图2）。

（2）当音乐停止时，幼儿要迅速找到椅子坐下；没有找到椅子的幼儿则出局。

（3）每轮减少一把椅子，直到最后一位获胜者。

图2　幼儿围着椅子走动

三、创意音乐律动

目标：通过音乐和动作，增强幼儿对节奏和旋律的感知。

材料：不同风格的音乐（经典音乐、流行音乐、自然声音等）和开阔的活动空间。

活动步骤如下。

（1）播放不同类型的音乐，让幼儿根据音乐的节奏和风格自由做出相应的动作。例如，轻柔的音乐可以缓慢摇摆身体，节奏快的音乐则可以用跑步或者跳跃的方式表现。

（2）鼓励幼儿发挥自己的创造力来做出不同的动作。

四、自然声音探索

目标：引导幼儿关注自然声音，培养对音乐的感知。

材料：自然环境（如公园、花园）、录音设备或手机、乐器。

活动步骤如下。

（1）带幼儿到户外，鼓励他们倾听周围的自然声音（如鸟鸣、风声、流水声）。

（2）让他们用乐器模仿这些声音，或者用身体发出类似的声音（拍手、跺脚等）。

（3）回到教室后，让幼儿分享他们的体验，并创造一首"自然音乐"作品。

通过这些音乐游戏，不仅能让幼儿在轻松愉快的氛围中学习音乐知识，还能提高他们的社交技能、团队合作精神和创造力。

二、音乐游戏的组织

组织幼儿音乐游戏是一项非常有趣且有益的活动，可以帮助幼儿发展音乐感知能力、提高社交能力、增强身体的协调性。以下是一些组织幼儿音乐游戏的建议。

1. 游戏选择

选择适合幼儿年龄和兴趣的音乐游戏。

动物音乐游戏：播放不同动物的声音，让幼儿根据声音模仿动物的动作。

乐器介绍：向幼儿介绍简单的乐器（如鼓、沙锤等），让他们自由演奏，感受不同乐器的声音。

音乐椅：准备几把椅子，播放音乐，让幼儿围着椅子走，音乐停时要找到座位。

节奏模仿：教师打出简单的节奏，请幼儿模仿节奏敲打或拍打。

2. 环境布置

创造一个适合音乐游戏的环境。

空间：确保有足够的空间供幼儿活动，避免摔倒或碰撞。

音响设备：准备一台音响或使用手机播放音乐，确保音乐的音量适中。

乐器：准备简单且安全的乐器供幼儿使用。

3. 教学过程

组织游戏时，可以按照以下步骤进行。

（1）热身活动：开始前进行简单的热身活动，如伸展运动或简单的舞蹈。

（2）规则说明：清晰地向幼儿介绍游戏的规则，并进行示范。

（3）游戏进行：在教师的引导下进行游戏，保持活跃的气氛。

（4）反馈与总结：游戏结束后，可以让幼儿分享他们的感受，鼓励他们表达自己的感受。

（5）安全注意事项：始终关注幼儿的安全，确保活动场所中没有锋利的物品或存在安全隐患。根据幼儿的反应及时调整活动强度，避免因过于激烈的游戏而导致受伤。

（6）家庭参与：邀请家长参与到音乐游戏中来，增进亲子关系。可以组织亲子音乐活动，鼓励家长与幼儿一起游戏、互动；也可以提供一些简单的音乐游戏让家长在家中与幼儿一起进行。

通过这些方法，能够有效地组织幼儿音乐游戏，促进他们的全面发展。

第二节　音乐剧的策划与实施

音乐剧是一种将音乐、舞蹈和戏剧结合在一起的艺术表演形式。它通常通过歌曲、对话和舞蹈来讲述一个故事，展示角色之间的关系和冲突。音乐剧可以包含各种风格的音乐，从经典到现代流行，甚至是摇滚或其他类型。

经典的音乐剧如《歌剧魅影》《猫》和《西贡小姐》等，都是广受欢迎的作品。近年来，音乐剧的题材和风格也在不断变化，涌现出不少新作，如《汉密尔顿》《亲爱的艾凡海》等，它们通过创新的音乐风格和独特的剧本内容吸引了更广泛的观众。

音乐剧通常在剧院中演出，但也有很多作品通过电影、电视等媒体进行传播。音乐剧这种艺术表现形式不仅直观地展现了演员的表演才能，还融合了作曲、编舞及导演等多方面的艺术元素。

幼儿音乐剧是一种结合了音乐、舞蹈和戏剧的表演形式，特别适合幼儿园和小学阶段的孩子们。它不仅能丰富幼儿的艺术体验，还能帮助他们提高语言表达能力、社交能力和创造力。

一、幼儿音乐剧的特点和推荐

（一）幼儿音乐剧的特点

（1）简洁易懂的故事。幼儿音乐剧的剧情通常简单、有趣，与幼儿的理解能力水平相符，能够吸引他们的注意力。

（2）丰富的音乐元素。音乐是幼儿音乐剧的核心，包含欢快的歌曲和简单的旋律，便于幼儿记忆和表演。

（3）互动性。音乐剧往往鼓励观众的参与，可增强幼儿的参与感和感兴趣程度。

（4）教育意义。许多音乐剧的主题涉及友谊、合作、勇敢等积极的价值观念，能够潜移

默化地教育幼儿。

（5）多样的表现形式。幼儿音乐剧的表演可以结合舞蹈或手偶、道具等的使用，使表演更具趣味性。

幼儿音乐剧不仅是一种娱乐的形式，而且是幼儿学习和成长的有益途径。通过音乐和表演，幼儿可以发挥自己的创造力，培养对艺术的兴趣。在参与和观看的过程中，他们也能获得无数快乐的回忆。

（二）幼儿音乐剧推荐作品

（1）《狮子王》：讲述了一个关于勇敢与责任的故事，非常适合幼儿。

（2）《小红帽》：经典童话改编，情节简单，容易理解。

（3）《三只小猪》：表明了团队合作的重要性，颂扬了勇敢、聪明、勤劳、敢于面对挑战等优秀品质。

（4）《青蛙与蟾蜍》：一个关于友谊和生活小冒险的故事，很适合幼儿演出及观看。

二、音乐剧的策划

（一）音乐剧策划的步骤

策划一部音乐剧是一个复杂而富有创意的过程，通常包括以下几个方面。

1. 确定主题和故事情节

选择一个能够引发观众共鸣的主题，创设一个清晰的故事情节。可以是对原创故事、经典文学或历史事件的改编。

2. 剧本创作

编写剧本，包括对话和歌词。确保故事情节发展顺畅，角色有深度，并且故事情节合理。

3. 音乐创作

音乐创作部分包括旋律、和声以及伴奏。音乐要能反映角色的情感和故事情节的发展。

4. 人物角色设计

确定主角和配角，设定他们的性格特点和发展轨迹。按照角色的特长和形象，选择合适的演员。

5. 舞台设计与服装

设计舞台布景和服装，确保视觉效果与音乐剧的主题以及时代背景相符。

6. 排练安排

制订详细的排练计划，包括集体排练和个别演员的排练。确保演员能够熟悉角色和歌词。

7. 营销策划

制订宣传和营销计划，通过社交媒体、海报、预告片等媒介形式吸引观众的注意力，树立音乐剧的品牌形象。

8. 演出安排

确定演出时间、地点、宣传活动的安排，以及票务销售策略。

9. 观众反馈与改进

在演出过程中和演出结束后，收集观众的反馈，分析成功与不足之处，为未来的作品提供改进依据。

通过以上步骤，可以较好地策划、制作和演出一部成功的音乐剧。

（二）幼儿音乐剧的策划要点

幼儿音乐剧的策划是一个系统而细致的过程，涉及多个方面。以下是一些关键要点，可有助于规划一场成功的幼儿音乐剧。

1. 主题选择

适宜的主题：选择与幼儿生活经历相关、易于理解的主题，如友谊、家庭、小动物等。

教育意义：确保主题能够传递积极的价值观和情感。

2. 剧本创作

简单易懂：使用简单的词语和短句，与幼儿的理解能力水平相符。

引人入胜的情节：设计有趣且容易跟随的情节，以吸引幼儿的注意力。

互动元素：加入互动环节，使幼儿能够参与到故事情节中。

3. 音乐创作

生动有趣的曲调：音乐应旋律优美，容易记忆，让幼儿感到愉悦。

多样化的音乐风格：可以尝试不同风格的音乐，如童谣、流行音乐、民间音乐等，增加趣味性。

歌词简洁：歌词应简短、琅琅上口，便于幼儿记忆和演唱。

4. 角色设定

符合年龄特点的角色：角色设定应与幼儿熟悉的事物或动物相关，便于产生共鸣。

多样性：确保角色多样，能够反映不同的性格特点和情感，促进幼儿的认知发展。

5. 舞台设计

安全性：舞台设计应考虑安全，避免尖锐或危险物品的出现。

视觉吸引力：使用鲜艳的颜色和简单的背景，吸引幼儿的注意力。

可移动性：设计一些便于移动和更换的道具，以便进行不同场景的切换。

6. 排练安排

定期排练：制订合理的排练计划，确保每名幼儿都有机会练习。

充分时间：给幼儿足够的时间记忆台词和歌词，以适应角色。

积极鼓励：注意激励和鼓励幼儿，增强他们的自信心。

7. 演出准备

适当的时间：选择适合幼儿的演出时间，避免安排在他们疲倦的时候。

家庭参与：可以设计家庭观赏环节，鼓励家长来观看，增强亲子互动。

服装与道具：准备合适的服装和道具，让角色形象更加生动。

8. 演出评估

反馈收集：可以通过问卷或口头访谈的方式收集观众和参与者的反馈。

总结与改进：根据反馈总结经验、发现不足，以改进未来的音乐剧策划和实施。

通过以上要点可以更好地策划一场幼儿音乐剧，既能让孩子们享受表演的乐趣，又能促进他们的身心发展。

三、音乐剧实施

（一）音乐剧实施的步骤

音乐剧是一种结合了音乐、舞蹈和戏剧表演的舞台艺术形式，在全球范围内都有着广泛的影响力。实施一部音乐剧通常包括以下几个步骤。

1. 剧本选择或创作

首先需要选择一个适合改编为音乐剧的剧本，或者原创一个新的故事。剧本需要有吸引人的情节和深刻的主题。

2. 音乐创作

根据剧本的情节和情感进行相应的创作。创作内容通常包括歌曲、背景音乐和舞蹈。

3. 演员选拔

通过试镜选拔合适的演员，包括主角、配角和群演。演员需要具备良好的表演能力、歌唱能力和舞蹈能力。

4. 排练

进行系统的排练，包括朗读剧本、练习歌曲、舞蹈编排和整体合成。这个过程通常需要耗费数周或数月的时间。

5. 舞美设计

设计舞台布景、灯光、服装等视觉元素，以增强观众的观赏体验。

6. 技术彩排

在正式演出前进行技术彩排，测试音响、灯光和其他技术设备，确保一切顺利。

7. 正式演出

在预定的时间和地点举行演出，向观众展示音乐剧的全部内容。

8. 市场推广

通过海报、社交媒体、新闻发布等手段进行宣传，吸引观众前来购票观看。

9. 后期反馈

演出结束后，收集观众和剧组成员的反馈，以便改进并提高将来的制作水平。

音乐剧的实施需要团队的合作与努力，须充分发挥每个成员的特长，才能创作出成功的作品。

（二）幼儿音乐剧实施要点

幼儿音乐剧的实施要点主要包括以下几个方面。

1. 目标明确

确定音乐剧的教育目标，如培养幼儿的音乐感知能力、表达能力、团队协作能力等。

2. 内容选择

选择适合幼儿年龄的音乐剧剧本和歌曲，其内容应简单易懂，富有趣味性和教育意义。

3. 角色分配

根据幼儿的兴趣和能力，合理分配角色，确保每位幼儿都能参与并获得成就感。

4. 音乐元素

选择旋律优美、节奏鲜明的音乐，帮助幼儿在欣赏和表演中提升音乐素养。

5. 舞蹈动作

设计简单易学的舞蹈动作，能够让幼儿在表演中增加身体的活动能力，提升表现力。

6. 道具与服装

运用简单的道具和服装，激发幼儿的想象力，增加表演的趣味性。

7. 分段练习

将整个音乐剧分成若干部分进行练习，循序渐进，帮助幼儿掌握每个环节。

8. 排练与反馈

定期进行排练，并给予幼儿积极的反馈和鼓励，增强他们的自信心。

9. 家长参与

鼓励家长参与音乐剧的排演和观看，加强家庭与幼儿园的互动。

10. 交流与展示

在适当的时候进行成果展示，给幼儿提供一个表现的舞台，增加他们的演出经验。

11. 注重安全

确保排练和演出过程中幼儿的安全，避免潜在的危险。

通过以上要点的实施，让幼儿在音乐剧活动中获得快乐和成长，同时激发他们对音乐和表演的兴趣。

幼儿音乐剧:《小鸟的春天》

一、项目背景

本项目针对幼儿园大班的幼儿,旨在通过音乐剧的形式培养他们的音乐感知能力、表演能力与团队协作精神。故事情节围绕春天的到来和小鸟们的生活展开,寓教于乐。

二、剧本选择

选择了一部适合幼儿的简短剧本《小鸟的春天》。剧本内容简单易懂,包含了关于春天的变化、友谊与团结等主题。

三、音乐与舞蹈

(1) 音乐选择:加入了一些简单的儿歌,如《小鸟小鸟飞》以及原创的《春天主题曲》。

(2) 舞蹈编排:编排了简单的舞蹈动作,适合幼儿的能力水平,穿插在剧本的高潮部分。

四、角色分配

根据幼儿的兴趣和特长分配角色,包括小鸟(主角)、花朵、风、其他小动物。

五、道具与服装

(1) 道具:使用手工制作的道具,如纸做的小鸟、花朵和树木等。

(2) 服装:选用色彩鲜艳的服饰,让幼儿感受到春天的气息。

六、排练过程

(1) 时间安排:安排为期一个月的排练,每周进行两次,每次一个小时。

(2) 指导方式:以游戏的形式引导幼儿进入角色,鼓励他们进行自由表达。

(3) 亲子参与:邀请家长参与道具的制作和排练,增强亲子关系。

七、最终演出

(1) 演出时间:在幼儿园的庆祝活动中进行展示,邀请家长和教师观看。

(2) 现场氛围:布置春天主题的背景,营造温馨的表演环境。

(3) 演出反馈:在音乐剧中幼儿表现积极,家长们纷纷给予好评,认为这样的活动增强了幼儿的自信心和表达能力。

八、总结与反思

(1) 成果:通过此次音乐剧活动,幼儿不仅提升了音乐素养和表演能力,也增强了与他人合作的意识。

(2) 问题与改进:在排练过程中发现部分幼儿对舞台表演感到害羞,未来可以有针对性地开展更多的舞台体验活动。

> 九、结论
>
> 幼儿音乐剧是一项融合了艺术、教育和娱乐的活动，通过丰富多彩的形式，可以有效激发幼儿的创造力和表现力，同时也可以为他们营造一个愉快的学习环境。

第三节 音乐欣赏活动的反思与改进

音乐欣赏活动的反思通常可以从多个角度进行分析，包括活动的组织、参与者的体验、音乐作品的选择，以及对音乐的理解和感受等。以下是一些可能的反思点。

1. 活动组织

准备工作：活动的前期准备是否充分？音响设备调试、场地布置、宣传推广等方面是否到位？

流程设计：活动的时间安排合理吗？各个环节之间的衔接是否流畅？

2. 参与体验

观众反馈：参与者的反应如何？他们对活动内容的兴趣和投入程度是否达到预期？

互动性：活动中是否提供了与参与者互动的机会，如讨论、提问或分享个人感受？

3. 音乐作品的选择

多样性：选择的音乐作品是否涵盖了不同风格和时期且能够满足不同观众的兴趣要求？

深度：选择的音乐作品是否具有一定的艺术价值，能够引发深入的思考和讨论？

4. 音乐理解与感受

讲解与分析：是否对每一首音乐作品进行了有效的讲解与分析，以帮助参与者更好地理解其背景和特色？

情感共鸣：参与者对音乐的情感共鸣如何？是否能感受到音乐所传达的情绪和意境？

5. 改进建议

根据此次活动的反馈，未来的音乐欣赏活动可以在哪些方面进行调整与改进？比如，是否可以增加更多的互动环节，或者引入多媒体辅助工具来增强音乐的表现力。

通过对音乐欣赏活动的反思，可以深刻理解音乐的魅力，提升策划者和参与者的艺术素养，同时也为未来的活动设计提供宝贵的经验和指导。以下是一些可以改进的参考点。

（1）增强参与感：鼓励参与者分享自己的音乐体验和观点，可以设置小组讨论环节，让每个人都有机会发言，与他人交流感受。

（2）选择多样化的音乐作品：根据参与者的不同喜好，尝试引入多种风格和体裁的音乐作品，比如古典、流行、民间音乐等，以满足不同人的音乐品位。

（3）提供音乐背景介绍：在音乐欣赏过程中，提供每首作品的背景信息，包括作曲家、历史背景、作品风格等，帮助参与者更深入地理解音乐。

（4）互动性内容：增设互动环节，如参与者投票选择下一首欣赏的曲目，或者举办简短的音乐问答比赛，以活跃气氛。

（5）后续活动安排：可以在活动后提供更多的相关资源，如推荐书籍、专辑或线上课程，让参与者在活动结束后继续深入学习。

（6）反馈收集：在活动结束时，向参与者收集反馈，了解他们的感受和建议，以便为下一次活动的改进提供依据。

（7）运用多媒体技术：结合视频、音频等多种媒体形式，增强音乐欣赏的视觉和听觉体验，使活动更加生动。

（8）主题化活动：尝试围绕某一特定主题（如"经典电影配乐""世界各地的民谣"等）来进行音乐欣赏，增加活动的趣味性和深度。

（9）专业嘉宾分享：邀请音乐领域的专家或爱好者分享他们的见解和故事，增加活动的专业性和趣味性。

通过以上几个方面的改进，可以使未来的音乐欣赏活动更加丰富、有趣和有意义。

案例分享

一、案例背景

某学校组织了一次音乐欣赏活动，主题为"经典音乐与现代流行音乐的对话"。活动包含了音乐欣赏、讨论和现场表演，旨在让学生更好地理解音乐的多样性和相应的文化背景。

二、活动反思

（1）参与度不高：尽管活动设计的初衷良好，但学生参与的积极性不高，很多学生在讨论环节表现得比较沉默。

原因分析：可能是因为大部分学生对经典音乐缺乏兴趣或了解，导致他们在讨论时感到无话可说。

（2）内容安排问题：活动内容的时间安排不合理，经典音乐的播放时间过长，导致部分学生注意力分散。

原因分析：对经典音乐的解释和分析未能引起学生的共鸣，且缺乏与现代音乐的有效连接。

（3）互动形式单一：活动中的互动环节主要以教师为主导，缺乏学生之间的交流与互动。

原因分析：未能设计出足以吸引学生参与的互动形式，活动缺乏趣味性。

三、改进建议

（1）增加互动环节：设计更多的互动活动，如小组讨论、音乐知识的快问快答等，使学生能积极参与其中，分享自己的观点和感受。

（2）引入现代元素：在经典音乐的欣赏过程中，可适当加入现代流行音乐的示例，说明两者之间的联系与相互影响，激发学生的兴趣。例如，可以邀请学生讨论某一流行歌曲中是否包含了经典音乐元素。

（3）多样化的表达形式：鼓励学生通过不同的方式表达他们对音乐的理解，除了口头表达，还可以引入绘画、写作等媒介，丰富表达方式的种类。

（4）邀请专家：邀请专业音乐人士或知名音乐人参与，分享他们对音乐的理解和创作经历，这能够增加活动的权威性和吸引力。

（5）活动前的准备：在活动前进行一些基础的音乐知识普及，引导学生提前了解相关的经典音乐和流行音乐，这样在活动中他们可以更多地参与讨论。

（6）反馈与总结：在活动结束后，收集学生的反馈意见，了解他们的感受及建议，为下次活动的顺利开展做准备。

四、结论

通过反思音乐欣赏活动的不足之处，可以明确改进方向，以提升学生的参与感和满意度。通过更有效的互动形式和内容安排，可以激发学生对音乐的热情，使他们在欣赏音乐的过程中获得更深层次的体验与理解。

拓展延伸

1. 创意活动的设计

音乐故事：将音乐与故事相结合，通过音乐来表现故事情节，增加幼儿的理解程度和参与感。

即兴创作：鼓励幼儿进行即兴演奏或演唱，让他们发掘自身的创作潜力。

多感官体验：通过视觉、触觉等多种感官活动（如音乐与绘画）的结合，增强幼儿对音乐的认知。

2. 教育策略的制定与环境的建设

营造温馨环境：营造一个舒适、富有音乐元素的环境，让幼儿在轻松愉快的氛围中学习和表现。

多元化教学：综合运用多种教学方法，如故事讲述、游戏、表演等，满足不同幼儿的学习需求。

家园共育：鼓励家长参与幼儿的音乐活动，如家庭音乐会、亲子游戏等，增强家庭成员的互动和参与感。

3. 音乐与情感教育

情感识别：通过音乐帮助幼儿学习如何识别和表达情感，让他们了解不同的情感状态。

同理心培养：让幼儿在音乐中体验他人的情感，增强他们的同理心和社会意识。

巩固训练

一、填空题

1. 音乐剧是一种以_____和_____相结合的表演艺术形式。它通常通过_____和_____来讲述一个故事，展示角色之间的_____。

2. 幼儿音乐欣赏是促进幼儿_____发展的重要活动。通过音乐，幼儿不仅能够感受到美，还能够在_____、_____、_____与_____等方面得到益处。

3. 对音乐欣赏活动的反思通常可以从多个角度进行分析，包括_____、_____、_____，以及对音乐的理解和感受等。

4. 对幼儿音乐剧的实施案例可以从多个方面进行探讨，包括_____、音乐与_____、_____、道具与服装、_____，以及最终演出的反馈等。

5. 幼儿音乐剧不仅是娱乐的形式，也是孩子们学习和成长的_____。通过音乐和表演，幼儿可以_____，培养对_____。

二、简述题

1. 幼儿音乐欣赏对促进幼儿全面发展的重要作用有哪些？
2. 简述幼儿音乐剧的实施步骤。
3. 幼儿音乐剧的策划要点有哪些？
4. 幼儿音乐游戏的设计主要有哪些环节？

三、实训练习

请结合案例，设计大班幼儿音乐剧活动。要求选取符合大班幼儿年龄特征和兴趣特点的音乐作品，完成音乐剧方案的创编。

单元五
幼儿音乐欣赏的评估与反馈

学习目标

知识目标

学会进行音乐欣赏的评估：学习如何评估幼儿的音乐欣赏能力和表达能力，包括观察幼儿对音乐的反应和感知能力，以及评估幼儿对音乐作品的理解程度、表达的准确性和深度。

技能目标

提供有效的反馈和指导：学习如何给予幼儿积极的、具体的和个性化的反馈，帮助幼儿认识自己的优点和不足之处，同时指导幼儿发展并提高音乐欣赏能力和表达能力。

素养目标

培养幼儿的音乐欣赏兴趣和乐感：通过音乐欣赏的评估和反馈，培养幼儿对音乐的兴趣和热爱，激发幼儿的音乐创造力、提高其音乐表达能力，促进幼儿的全面发展。

第一节 幼儿音乐欣赏能力的评估方法

幼儿音乐欣赏能力的评估方法可以采用以下多种方式。

一、观察法

观察法是指通过观察幼儿对不同音乐的反应和表现来评估其音乐欣赏能力，其侧重于观

察幼儿在特定音乐环境中的反应和表现。具体方法如下。

（1）观察幼儿在听不同类型音乐时的情绪反应，如是否愉悦、悲伤、兴奋或安静。

（2）注意观察幼儿是否能随着音乐的节奏或旋律做出相应的肢体动作，如拍手、摇头或跳舞。

（3）观察幼儿在音乐播放时的专注程度，是否能持续关注并参与到音乐中去。

（4）注意观察幼儿面部表情的变化，是否能随着音乐的节奏和情感变化而呈现不同的表情。

（5）观察幼儿在集体音乐活动中的互动行为，包括是否愿意分享自己的音乐感受，以及是否愿意与其他幼儿进行互动或合作。

（6）观察幼儿是否尝试用声音、乐器或身体语言来表达对音乐的理解和感受。

这些观察方法可以帮助评估幼儿音乐欣赏能力的各个方面，从而更好地了解他们在音乐领域的发展情况，并以此为依据，为接下来有针对性的音乐教学提供有效指导。

二、问卷调查法

问卷调查法即设计针对幼儿的简单问卷，询问他们对不同类型音乐的喜好程度，以及能否理解音乐所传递的情感或意义。问卷需要根据幼儿的年龄和理解能力进行设计。以下是一些主题和具体问题，可以作为调查问卷内容设计的参考。

1. 音乐感受及体验的调查问卷

（1）你喜欢哪种类型的音乐？为什么？

（2）请描述一下你最喜欢的音乐让你感受到了怎样的情绪。

（3）你认为音乐是用来做什么的？

2. 音乐元素辨认的调查问卷

（1）你觉得这段音乐的节奏是快还是慢？

（2）这首歌的曲调听起来高还是低？

（3）你觉得这首歌用了哪些乐器？

3. 音乐角色扮演的调查问卷

（1）如果你是这首歌的主人公，你认为在你身上发生了什么故事？

（2）你认为这段音乐适合在哪种场景下播放？

4. 音乐知识测试的调查问卷

（1）什么是音符？请用手画出一个音符。

（2）你知道哪些不同的乐器？能说说它们的特点吗？

（3）请回答以下两个音乐术语的含义：旋律和节奏。

5. 音乐回顾与评价的调查问卷

（1）请回想最近听过的一段音乐，你对这段音乐有什么评价？

（2）你对这段音乐的改进建议是什么？

通过设计类似的调查问卷，可以帮助评估幼儿对音乐的感知、理解和欣赏能力，同时促进他们思考和表达关于音乐的看法和意见。在设计问卷时，应确保问题简洁明了，易于幼儿理解和回答。

三、游戏互动法

游戏互动法是指利用音乐游戏或互动活动来评估幼儿的音乐欣赏能力，如让幼儿根据音乐的节奏做出相应动作或判断不同乐器之间的差别。可以尝试通过以下创意活动进行评估。

音乐热身舞蹈：播放欢快的音乐，让幼儿跟随节奏做简单的舞蹈动作，如摇摆、扭动或拍手，以激发他们对音乐的兴趣和感知。

音乐故事接龙：边播放音乐片段边讲故事，然后让每名幼儿根据音乐的氛围和旋律发挥想象力续讲故事，提升他们对音乐情感的理解能力和语言表达能力。

音乐图画配对：播放不同风格或节奏的音乐，让幼儿通过绘画或选择图片来表达对音乐的感受，促进他们将听觉艺术转化为视觉艺术的能力。

音乐乐器识别：利用卡片或实物乐器进行认知游戏，播放相关音乐让幼儿识别乐器种类，并通过触摸乐器或模仿演奏来加深对不同种类乐器的理解。

音乐情绪传达：播放带有感情色彩的音乐，让幼儿通过面部表情、姿势或声音来表达所感受到的情绪，帮助他们理解和表达音乐所传达的情感。

这些游戏互动方法可以帮助评估幼儿理解和欣赏音乐的能力，同时可以促进对其音乐感知能力、情感表达能力和创造力的培养。游戏的设计应考虑幼儿的年龄特点和兴趣爱好，让学习变得更加生动有趣。

四、绘画和手工制作法

针对幼儿音乐欣赏能力的评估，还可以结合绘画和手工制作等方法，根据幼儿通过绘画或手工制作所表达的对某段音乐的感受或理解来进行评估。以下是一些适合此种评估模式的创意活动。

音乐情感绘画：播放不同风格和节奏的音乐，让幼儿用颜色、线条和形状表现其所感受到的音乐情感，通过绘画作品来展示他们对音乐的理解。

音乐元素拼贴：引导幼儿根据不同的音乐元素（如节奏、旋律、音高等）制作拼贴作品，通过拼贴图案来展示对音乐结构的认知和理解。

乐器手工制作：指导幼儿使用简单材料制作小型乐器模型，如鼓、吉他或小提琴，让他们在制作过程中了解不同乐器的外观及各自特点。

音乐主题立体画：以某段音乐为主题，让幼儿利用纸板、彩纸等材料制作立体画，以此

展现其对音乐氛围和内容的理解和表达。

音乐心情手链：要求幼儿根据不同音乐的节奏和情感，制作代表不同心情的手链或项链，每个珠子或图案代表一种情感，以此表达其对音乐的感知和对音乐传达情感的理解。

这些绘画和手工制作方法可以帮助评估幼儿对音乐的感知能力、情感表达能力和创造力。通过视觉艺术的方式，幼儿能够更直观地表现对音乐的理解和欣赏，同时也能促进其视觉和触觉感知能力的发展。

五、口头表达法

鼓励幼儿通过口头描述或阐释的方式展示他们对音乐的理解和欣赏，这样可以更直接地评估其音乐欣赏能力。可以将口头表达法同其他评估方法相结合，以全面了解幼儿的音乐欣赏能力，并为进一步指导其音乐学习提供参考。口头表达评估法可以采用以下策略。

音乐情感描述：让幼儿听一段音乐，要求他们用简单的语言描述所感受到的音乐情感，如快乐、悲伤、紧张等。

音乐元素辨认：播放不同类型的音乐片段，让幼儿对节奏、旋律、音高等音乐元素进行识别，并口头描述其特点。

音乐角色扮演：根据音乐的氛围和节奏，让幼儿口头描述自己扮演的角色是谁，正在做什么，以及感受到了怎样的情绪。

音乐故事编排：要求幼儿根据音乐的节奏和情感编排一个小故事，通过口头表达来展示对音乐的理解能力和自身的创造力。

音乐作品回顾：让幼儿回顾之前听过的一首音乐作品，并口头描述自己的理解、感受以及对音乐的印象。

通过这些口头表达策略的具体实施，可以更直接地了解幼儿对音乐的感知和理解能力，鼓励他们用语言表达音乐所传达的情感和意义，同时提高他们的沟通能力和语言表达能力。

第二节　幼儿音乐欣赏能力的评估标准

一、情感表达能力

情感表达能力是音乐教育中非常重要的一项评估指标，旨在评估幼儿对音乐所传达情感的理解和表达能力，包括是否能够区分不同音乐作品的情感色彩，特别适用于幼儿。以下是一些评估幼儿情感表达能力的具体方法。

（1）情感辨识和表达：观察幼儿在听到不同类型音乐时的反应，包括笑、哭、安静等，以判断他们是否能够理解音乐所传达的情感。

（2）音乐作品解读：通过与幼儿讨论音乐作品中可能存在的情感元素，鼓励他们描述作品给他们带来的感受，帮助他们更好地理解音乐的情感色彩。

（3）音乐游戏：采用音乐游戏的形式，让幼儿通过声音、动作等方式展现自己对音乐的情感反应，从而锻炼其情感表达能力。

（4）情感串联：引导幼儿将音乐中表达的情感与日常生活中的情感进行串联，促进他们建立情感认知与表达的联系。

（5）创作活动：鼓励幼儿进行简单的音乐创作，让他们通过创作表达自己的情感，培养他们的音乐情感表达能力。

这些方法有助于评估幼儿对音乐情感的理解和表达能力，同时也能促进其音乐欣赏水平的提升。

二、音乐元素的识别

音乐元素的识别旨在考察幼儿对音乐的基本元素如节奏、旋律、音高等的辨识和理解程度。音乐元素的识别对幼儿的音乐能力发展至关重要。以下是一些方法来考察幼儿对音乐基本元素的辨识和理解程度。

节奏辨识：通过打拍子、随乐伴奏等方式，让幼儿感受和理解音乐中的节奏变化；也可以让幼儿使用简单的打击乐器模仿节奏。

旋律辨识：播放包含不同旋律的音乐片段，要求幼儿辨认不同的旋律，并进行简单的模仿或复述。

音高理解：引导幼儿分辨音高的高低变化，让他们能够区分不同音符的音高差异。

音色感知：让幼儿辨认不同乐器的声音，帮助他们理解音乐中不同乐器的作用和特点。

音乐元素的结合：组织一些简单的音乐活动，让幼儿在玩耍中学习节奏、旋律和音高等元素是如何结合的。

通过这些方法，可以帮助评估幼儿对音乐基本元素的识别和理解程度，同时激发其对音乐的兴趣，促进其音乐能力的全面发展。

三、音乐作品的分类

音乐作品的分类旨在测试幼儿是否能够区分音乐的不同类型，如古典音乐、流行音乐等。可以采取以下方法。

播放测试：播放不同类型音乐作品的片段，如古典音乐、流行音乐、民族音乐等，让幼儿聆听并观察其反应。

分类游戏：设计一些有趣的音乐分类游戏，让幼儿根据听到的音乐特征将音乐作品归类，

增强他们对不同类型音乐的识别能力。

讨论活动：与幼儿进行讨论，引导他们描述不同类型音乐作品的特点，帮助他们理解并区分各种音乐风格。

比较分析：播放同一首歌曲的不同版本，或者同一曲目在不同风格中的演绎，让幼儿通过比较分析来认识不同音乐类型之间的差异。

创作体验：鼓励幼儿参与简单的音乐创作活动，让他们体验并感知不同类型音乐的创作过程和风格。

这些方法不仅可以帮助评估幼儿对不同类型音乐的识别能力，还可以促进他们对音乐多样性的认知和欣赏，拓宽其音乐审美视野。

四、音乐记忆及重现

音乐记忆及重现旨在评估幼儿对曲目的记忆能力以及通过口唱或模仿乐器演奏等方式重现音乐片段的能力。要评估幼儿的音乐记忆和重现能力，可以参考以下方法。

听觉记忆测试：播放简短的音乐片段后，让幼儿回忆和描述所听到的内容，以评估他们对音乐的听觉记忆能力。

口唱表演：要求幼儿口唱一些简单的旋律或歌词，检验他们是否能够准确并流畅地重现音乐片段。

模仿乐器演奏：提供一些简单的乐器或音乐工具，让幼儿模仿演奏一些简单的节奏或旋律，从而测试他们对乐器演奏的模仿能力。

复述游戏：设计一些交互性强的游戏，让幼儿通过复述音乐节拍、旋律等方式来巩固记忆并练习重现音乐片段。

创作体验：鼓励幼儿参与音乐创作活动，让他们通过创作自己的音乐来锻炼记忆力和表达能力。

这些方法可以帮助评估幼儿的音乐记忆和重现能力，同时也可以为他们提供丰富多样的音乐体验，促进其音乐能力的全面发展。

五、音乐创作与表现

音乐创作与表现旨在鼓励幼儿进行音乐创作，并据此评估其表现及创造力。可以参考以下方法。

创作活动：为幼儿提供各种音乐素材和乐器，鼓励他们自由发挥，创作自己的音乐作品，可以是简单的旋律、节奏或歌词。

表演展示：组织音乐表演活动，让幼儿有机会将他们的音乐作品表演给他人或观众，展示他们的创作成果。

评估创作：对幼儿的音乐创作进行评估，包括评价其创意、表现、表达能力等方面，鼓励他们不断进行尝试和改进。

合作创作：引导幼儿进行合作创作，让他们学会与他人共同创作音乐作品，培养团队合作精神和协同创造力。

反馈和激励：给予幼儿积极的反馈和激励，鼓励他们坚持创作，并提供适当的指导和帮助，以提升其音乐创作水平。

通过以上方法，可以评估幼儿的音乐创作和表现能力，激发其创造力和想象力，同时还可以帮助他们建立自信心并提升表达情感的能力。

六、集体合作与表演

集体合作与表演旨在评估幼儿在集体音乐活动中的合作能力和表演表现。评估标准可根据具体情况和教学目标进一步细化和拓展，可以参考以下方法。

团队合作：观察幼儿在集体音乐活动中与他人合作的相关表现，包括沟通、协调、分工合作等方面。

角色扮演：安排不同的音乐角色给幼儿，让其在集体表演中扮演各自的角色，评估他们是否积极参与并做到尊重他人。

音乐排练：组织集体音乐排练活动，评估幼儿在排练过程中的合作程度、互助精神以及与指导老师的配合度。

表演评价：观察幼儿在集体音乐表演时的表现，包括舞台表现、情感表达、音乐技巧等方面，并对其表演进行评价。

团队建设：开展一些团队建设活动，帮助幼儿培养团队精神、协作能力和相互支持的意识，从而提升集体音乐表演的效果。

通过以上方法，可以全面评估幼儿在集体音乐活动中的合作能力和表演表现，并为他们提供更多机会来发展团队合作精神和音乐表演能力。

第三节 幼儿音乐欣赏能力的提升建议

促进幼儿音乐欣赏能力的提升可以参考以下建议。

一、提供多样化的音乐体验

让幼儿接触不同类型的音乐，包括古典音乐、流行音乐、民族音乐等。可以通过播放音乐、参加音乐会或音乐节等方式，让幼儿感受不同风格和表现形式的音乐。提供多样化的音乐体验对幼儿音乐欣赏能力的发展非常重要。具体方式包括以下几种。

（1）播放音乐：在家庭和幼儿园中播放不同类型的音乐，包括古典音乐、流行音乐、民族音乐等。可以选择一些经典的作品或代表性曲目，让幼儿通过聆听来感受不同风格和表现形式的音乐。

（2）参加音乐会或音乐节：带幼儿参加适合他们年龄的音乐会或音乐节活动。这样可以让幼儿亲身体验现场音乐表演的氛围和魅力，同时也可以让他们观察和学习音乐家的演奏技巧。

（3）探索不同文化背景下的音乐：引导幼儿了解不同文化背景下的音乐，如西方古典音乐、印度音乐、非洲鼓乐等。可以通过播放音乐、观看音乐纪录片或舞台表演等方式，让幼儿感受不同文化背景下的音乐的风格和特点。

（4）组织音乐活动：组织一些音乐活动，让幼儿参与其中。例如，可以组织音乐游戏，让幼儿通过音乐表达自己的情感和想法；也可以组织小型音乐会，让幼儿展示自己的音乐才华。

（5）与音乐家互动：如果有机会，可以邀请音乐家来学校或幼儿园与幼儿互动。他们可以演奏乐器、讲解音乐知识，甚至可以与幼儿一起合作创作音乐。

通过以上方式，幼儿可以接触到不同类型和风格的音乐，有助于培养他们对音乐的兴趣和欣赏能力。同时，也有助于拓宽幼儿的音乐视野，让他们能够欣赏和理解不同风格音乐的美妙之处。

二、鼓励幼儿参与音乐活动

通过让幼儿参与唱歌、跳舞、演奏乐器等音乐活动，提升他们对音乐的亲近感和参与感。可以组织小型音乐会或合唱团等活动，让幼儿展示自己的音乐才华。鼓励幼儿参与音乐活动对于提升他们对音乐的亲近感和参与感非常重要。具体活动方式包括以下几种。

（1）唱歌：鼓励幼儿参与唱歌活动，可以通过唱儿歌、童谣或流行歌曲来培养他们的音乐表达能力和节奏感。可以组织小型的合唱活动，让幼儿一起演唱，并给予他们单独表演的机会。

（2）跳舞：引导幼儿通过舞蹈来表达音乐的节奏和情感。可以选择一些简单易学的舞蹈动作，让幼儿跟着音乐一起舞动。可以组织小型的舞蹈表演，让幼儿展示自己的舞蹈才华。

（3）演奏乐器：如果条件允许，鼓励幼儿学习和演奏乐器。可以选择一些适合幼儿的乐器，如小型键盘乐器、鼓、木琴等，让他们亲自体验乐器的音色和演奏的乐趣。可以组织小型的乐器演奏会，让幼儿展示自己的演奏技巧。

（4）组织小型音乐会或合唱团：可以组织幼儿参与小型音乐会或合唱团活动。这样可以让幼儿与其他孩子一起合作，共同演唱或演奏音乐作品，培养他们的合作精神和团队意识，并给予他们展示自己音乐才华的机会。

（5）鼓励创作：鼓励幼儿创作自己的音乐作品，可以通过编写歌曲歌词、创作简单的旋律等方式来表达自己的音乐想法。可以组织幼儿进行音乐创作分享会，让他们展示自己的创作成果。

通过参与以上音乐活动，幼儿可以亲身体验音乐的乐趣，并通过表演感受到自己的成长和进步。这不仅有助于提升幼儿的音乐欣赏能力，还能增强他们的音乐表达能力和自信心。

三、培养幼儿的音乐表达能力

鼓励幼儿用音乐表达自己的情感和想法，可以通过创作歌曲、编舞等方式，让幼儿发挥自己的创造力和想象力。培养幼儿的音乐表达能力可以帮助他们用音乐来表达自己的情感和想法，同时也可以促进他们创造力和想象力的发挥。具体包括以下几种方式。

（1）创作歌曲：鼓励幼儿创作自己的歌曲，可以编写歌词并配以简单的旋律。可以引导幼儿表达自己的情感、想法或经历，并将之用歌曲的形式加以呈现。可以提供一些主题或故事情节来启发幼儿的创作灵感，同时给予他们鼓励和赞赏。

（2）编排舞蹈：引导幼儿通过舞蹈来表达音乐的节奏、情感和意义。可以鼓励幼儿创编自己的舞蹈动作，并将其与音乐相结合。可以提供一些简单的编舞技巧和动作指导，同时给予幼儿展示自我和表演的机会。

（3）创作音乐故事：鼓励幼儿创作音乐故事，可以通过音乐和声音效果来表达故事的情感和氛围。可以引导幼儿选择一个主题或故事情节，用音乐来进行描述和表达。可以提供一些故事创作的提示和指导，同时给予幼儿展示和分享的机会。

（4）音乐绘画：将音乐和绘画结合起来，鼓励幼儿用绘画来表达音乐的情感和意境。可以播放不同类型的音乐，让幼儿根据音乐的节奏、旋律和情感进行绘画创作。可以提供不同的绘画材料和工具，同时给予幼儿自我展示和作品展览的机会。

通过以上方式，幼儿可以发挥自己的创造力和想象力，用音乐来表达自己的情感和想法。这不仅培养了他们的音乐表达能力，还能培养他们的艺术修养。同时，给予幼儿展示自我和分享的机会，增强他们的自信心和自我认同感。

四、提供音乐教育资源

为幼儿提供适合他们年龄段的音乐教育资源，如音乐绘本、音乐游戏等。这些资源可以帮助幼儿更好地了解音乐的基本概念、乐器的声音和音乐的节奏等，提高其音乐欣赏能力。以下是一些常见的音乐教育资源，适合幼儿使用。

（1）音乐绘本：结合了音乐和图画的书籍，可以通过绘画和文字来介绍不同的音乐概念、

乐器和音乐作品。幼儿可以通过阅读音乐绘本的方式，了解音乐的基本知识，培养对音乐的兴趣和理解能力。

（2）音乐游戏：一种通过游戏的形式来学习音乐的活动。可以设计一些简单有趣的音乐游戏，如音乐拍手游戏、音乐猜谜游戏等，让幼儿在游戏中学习音乐的节奏、旋律和乐器等知识。

（3）音乐播放列表：创建适合幼儿的音乐播放列表，包括各种类型的音乐，如儿歌、古典音乐、民族音乐等。通过播放不同类型的音乐，可以让幼儿接触到多样化的音乐风格和表现形式，培养他们的音乐欣赏能力。

（4）乐器体验：可以提供一些适合幼儿使用的乐器，如小型键盘乐器、鼓、木琴等，让他们亲自体验乐器的声音和演奏的乐趣。还可以提供简单的乐器教学资源，让幼儿学习基本的乐器演奏技巧。

（5）音乐应用程序：有一些专门为幼儿设计的音乐应用程序，能提供互动音乐学习体验。这些应用程序包含音乐游戏、乐器模拟、音乐制作等内容，能让幼儿在玩耍中学习音乐知识。

通过提供适合幼儿年龄特点的音乐教育资源，可以让他们在愉快的氛围中学习音乐，培养他们对音乐的兴趣和理解能力。这些资源可以丰富幼儿的音乐体验，帮助他们建立起对音乐的基本认知和音乐演奏技能。

五、与幼儿一起欣赏音乐

与幼儿一起聆听音乐，引导他们关注音乐中的细节和情感表达。可以通过提问、讨论等方式，帮助幼儿理解音乐的意义和内涵。与幼儿一起欣赏音乐可以帮助他们培养音乐欣赏能力和音乐理解能力。具体方式包括以下几种。

（1）选择适合的音乐：根据幼儿的年龄和兴趣，选择适合的音乐进行欣赏。可以选择一些简单易懂的儿歌或音乐作品，或者根据幼儿的喜好选择他们喜欢的音乐类型。

（2）提问和讨论：在欣赏音乐的过程中，通过提问和讨论来引导幼儿关注音乐中的细节和情感表达。可以提出一些问题，如"这段音乐让你感觉如何样？""你觉得这段音乐是快乐的还是悲伤的？""你能听到哪些乐器的声音？"通过与幼儿的讨论，可以帮助他们理解音乐的意义和内涵。

（3）创造音乐氛围：在欣赏音乐的时候，营造一个良好的氛围，让幼儿能够全神贯注地聆听音乐。可以选择一个安静的环境，屏蔽其他干扰性的声音，并确保音乐的音量适中。

（4）表达感受：鼓励幼儿表达他们对音乐的感受和想法。可以让他们用自己的话语描述音乐给他们带来的感受，或者用绘画、舞蹈等方式来表达他们对音乐的理解和情感。

（5）多样化的音乐体验：引导幼儿接触不同类型的音乐，包括不同的音乐风格、不同的演奏乐器和不同的音乐表现形式。这样可以帮助幼儿拓宽其音乐视野，培养他们对多样化音乐的欣赏能力。

通过与幼儿一起欣赏音乐，引导他们关注音乐中的细节和情感表达，可以帮助他们深入理解音乐的意义和内涵。这样的体验可以丰富幼儿的音乐感知和表达能力，同时也能增强他们对音乐的兴趣和热爱。

六、创造音乐氛围

在家庭和幼儿园中创造音乐氛围，比如播放音乐，组织唱歌、跳舞表演等。这样可以让幼儿在日常生活中不断接触和感受音乐，提升他们的音乐欣赏能力。创造音乐氛围是培养幼儿音乐欣赏能力的重要方法之一。以下是一些可以在家庭和幼儿园中创造音乐氛围的方法。

（1）播放音乐：在家庭和幼儿园中播放音乐是一种简单而有效的方法。可以选择适合幼儿的音乐，如儿歌、轻快的音乐和古典音乐等，让幼儿感受音乐的美妙。

（2）唱歌：鼓励幼儿参与唱歌活动。可以一起唱儿歌、童谣或其他适合幼儿的歌曲。通过唱歌的方式，让幼儿感受音乐的旋律、节奏并理解歌词的含义，同时培养他们的音乐表达能力。

（3）舞蹈：舞蹈是一种有趣的音乐活动，可以让幼儿通过身体的动作来表达音乐的节奏和情感。可以选择一些适合幼儿舞蹈的音乐，或者让幼儿根据自己的感觉和想法自由舞动。

（4）创作音乐：鼓励幼儿参与音乐创作。可以给幼儿提供一些简单的乐器或音乐制作工具，让他们自己创作音乐。可以通过演奏打击乐器、编曲、编写歌词等方式，让幼儿发挥自己的创造力和想象力。

（5）音乐活动和演出：组织一些小型的音乐活动和演出，让幼儿有机会展示自己的音乐才华。可以组织小型音乐会、合唱团或舞蹈表演等活动，让幼儿在舞台上展示他们的音乐技能和表演能力。

通过创造音乐氛围，让幼儿在日常生活中不断接触和感受音乐，可以提升他们的音乐欣赏能力和表达能力。这样的音乐体验可以激发幼儿对音乐的兴趣和热爱，并帮助他们培养音乐的审美和表达能力。

幼儿音乐欣赏能力发展的速度和方式各不相同，因此要根据幼儿的兴趣和能力来选择适合他们的音乐活动和资源。同时，要给予幼儿足够的时间和空间，让他们逐渐培养和发展自己的音乐欣赏能力。

案例分享

案例一　小明音乐欣赏能力的评估与反馈

小明是一名4岁的幼儿,他对音乐表现出浓厚的兴趣。在幼儿园的音乐课上,教师通过播放不同类型的音乐来评估小明的音乐欣赏能力。以下是小明音乐欣赏能力评估与反馈的具体内容。

1. 评估阶段

教师为小明准备了一段古典音乐的录音,在播放时注意观察小明的反应。小明专注地听着音乐,眼神明亮,身体微微摇摆,展现出对音乐的兴趣和较高的理解能力。

教师提供了一些简单的乐器,让小明试着模仿音乐中的旋律。小明能够通过用手指敲击乐器模仿一些简单的节奏,展现出较好的对音乐的感知和表达能力。

2. 反馈阶段

教师与小明进行一对一的交流,表扬他在音乐欣赏中的专注和积极参与。教师鼓励小明继续保持对音乐的兴趣,并提供了更多的音乐资源供他探索。

教师与小明的家长分享小明在音乐欣赏中的表现,并建议家长在家中给予更多的音乐支持,如播放不同类型的音乐,鼓励小明参与唱歌或舞蹈等活动。

3. 进一步发展

教师为小明提供更多的音乐体验机会,如参观音乐厅、欣赏音乐会等。这样可以让小明接触到更多的音乐表演形式,进一步培养他的音乐欣赏能力。

教师鼓励小明参加幼儿园的音乐表演活动,让他有机会展示自己的音乐才华,并通过提供指导和支持来帮助他进一步发展。

通过评估和反馈,小明得到了鼓励和支持,他的音乐欣赏能力也得到了认可和提升。这个案例展示了如何通过评估和反馈来提升幼儿的音乐欣赏能力,并为他们提供进一步发展的机会。

案例二　提升幼儿的音乐欣赏能力

小明是一名5岁的幼儿,他对音乐非常感兴趣,但他的音乐欣赏能力有待提高。他通常只是听音乐,但对音乐的细节和情感表达缺乏理解。他的父母希望能够帮助他提升音乐欣赏能力,让他更深入地理解和欣赏音乐。

具体建议包括以下几条。

(1) 创造音乐环境:在家里和日常生活中,创造一个丰富的音乐环境。播放不同类型的音乐,包括古典音乐、流行音乐、民族音乐等,让小明接触不同风格和类型的音乐,增强他的音乐感知能力。

(2) 到现场观看音乐会和音乐表演:带小明去现场欣赏音乐会和音乐表演,让他亲身体验音乐的魅力。观看现场表演可以让他更真切地感受到音乐的氛围和情感表达，提高他的音乐欣赏能力。

（3）与音乐家互动：安排小明与音乐家互动，比如通过参加音乐工作坊等活动，与音乐家进行面对面的交流。这样的互动可以让小明了解音乐的创作过程和音乐家的心路历程，提高他对音乐的理解和欣赏水平。

（4）鼓励主动参与：鼓励小明主动参与音乐活动，如唱歌、跳舞、弹奏乐器等，对音乐的积极参与可以培养他的音乐表达能力，提高他的音乐欣赏能力。

（5）启发思考和讨论：在听音乐的过程中，引导小明思考和讨论音乐的表达方式、情感和意义。向他提出关于音乐的问题，鼓励他表达自己的感受和理解，培养他的音乐思维和批判性思维能力。

（6）提供多样化的音乐体验：给小明提供多样化的音乐体验，如音乐游戏、音乐绘画、音乐剧等。通过不同形式的音乐体验，激发小明的兴趣和想象力，拓宽他对音乐的理解和欣赏范围。

（7）长期坚持和鼓励：音乐欣赏能力的提升是一个长期的过程，需要持续地培养和鼓励。家长和教师要给予小明持续的支持和鼓励，让他保持对音乐的热情和兴趣。

通过以上建议，小明可以逐步提升自己的音乐欣赏能力，更深入地理解和欣赏音乐。这些经验和技能将对他的音乐能力发展和艺术素养提升产生积极的影响。

小贴士

活动时间不宜过长，避免体力消耗过大；音乐不宜过难，能够跟唱就可以；鼓励家长和幼儿一起参与，增进亲子关系；舞蹈动作不宜过于复杂。

拓展延伸

提升幼儿音乐欣赏能力是一个循序渐进的过程，以下是一些拓展和延伸的建议，可以帮助幼儿更好地发展音乐欣赏能力。

（1）多样化的音乐体验：引导幼儿接触不同类型的音乐，包括古典音乐、流行音乐、民族音乐等。通过参加音乐会、音乐节、音乐剧等活动，让幼儿对不同音乐风格和表现形式有更广泛的了解。

（2）音乐创作与表演：鼓励幼儿参与音乐创作和表演，可以通过唱歌、演奏乐器、编写简单的歌曲或音乐故事等方式，培养幼儿的音乐表达能力和创造力。

（3）音乐游戏与活动：设计一些有趣的音乐游戏和活动，如音乐猜谜、音乐拼图、音乐追逐等，通过互动和娱乐的方式，提高幼儿对音乐的兴趣和理解。

（4）音乐欣赏教育资源的使用：利用多种多样的音乐欣赏教育资源，如音乐绘本、

音乐动画、音乐电影等，帮助幼儿理解音乐的情感表达和故事内涵。

（5）音乐与其他艺术形式的结合：引导幼儿将音乐与其他艺术形式相结合，如舞蹈、绘画、戏剧等。通过综合艺术体验，培养幼儿对音乐的综合感知和欣赏能力。

（6）音乐文化的了解：介绍不同国家和地区的音乐文化，让幼儿了解不同文化背景下的音乐表达方式和习俗，培养其跨文化音乐欣赏能力。

（7）音乐家和作曲家的故事：讲述音乐家和作曲家的故事，介绍他们的音乐作品和创作背景，激发幼儿对音乐家和作曲家的兴趣，并帮助他们理解音乐作品背后的故事。

（8）音乐评价与批判性思维：引导幼儿学会用简单的语言描述和评价音乐，培养他们的批判性思维和音乐鉴赏能力。

（9）家庭音乐氛围的营造：在家中创造音乐欣赏的环境，如播放音乐、唱歌、跳舞等，让幼儿在家中也能接触音乐并享受音乐的乐趣。

最重要的是，要根据幼儿的兴趣和能力发展水平，逐步引导他们进行相应的音乐欣赏活动。通过多样化的体验和互动，可以帮助幼儿培养对音乐的感知能力、情感表达能力和审美意识。

巩固训练

一、简述题

1. 幼儿音乐欣赏能力的评估方法有哪些？
2. 幼儿音乐欣赏能力的评估标准是什么？
3. 幼儿音乐欣赏能力的提升建议有哪些？

二、实训练习

通过一段音乐欣赏来对幼儿园大班同学进行小组测试，评估他们的音乐欣赏能力。

序号	情感表达能力	音乐元素的识别	音乐作品的分类	音乐记忆及重现	总分
1					
2					
3					
4					
5					

单元六
家庭音乐教育资源

 学习目标

知识目标

通过多样化的音乐欣赏活动,帮助幼儿发展对音乐的感知能力;引导幼儿接触不同类型的音乐,培养其对音乐的基本认知,培养幼儿的音乐文化意识、音乐合作及分享精神。

技能目标

通过唱歌、舞蹈、手语等活动,帮助幼儿用音乐表达自己的情感和想法,培养幼儿的音乐表达能力和创造力。

素养目标

通过介绍不同国家和地区的音乐文化,帮助幼儿了解不同类型音乐的背景和特点,培养幼儿对音乐文化的兴趣和尊重。通过音乐合唱、合奏等活动,培养幼儿的合作意识和团队精神,学会与他人一起分享音乐的乐趣。

第一节 家庭音乐环境的营造和利用

幼儿音乐欣赏是培养幼儿音乐兴趣和审美能力的重要途径之一。在家庭中营造音乐环境并加以利用,可以帮助幼儿更好地接触、理解和欣赏音乐。家庭音乐环境的营造和利用包括

以下几个方面。

一、提供多样化的音乐资源

准备多样化的音乐资源是为幼儿创造丰富的音乐体验和发展他们音乐兴趣的重要一环。可以通过购买儿童音乐专辑或下载音乐 APP，在家中准备一些适合幼儿的音乐，如童谣、儿歌、经典音乐等，让幼儿有机会听到不同类型的音乐。适合幼儿的音乐资源包括以下几种。

（1）童谣和儿歌：准备一些经典的童谣和儿歌，如《小星星》《小兔子乖乖》等。这些简单易懂的歌曲旋律明快，有助于幼儿对语言和节奏的学习。

（2）儿童音乐专辑：购买一些专门为幼儿设计的音乐专辑。这些专辑通常包含了丰富多样的歌曲和音乐风格，如流行音乐、民族音乐、古典音乐等。选择具有教育性和趣味性的专辑，让幼儿在听音乐的同时获得学习和享受乐趣。

（3）音乐 APP 和在线平台：下载一些适合幼儿的音乐 APP，如儿童音乐播放器或音乐教育应用程序。这些 APP 通常能提供丰富的音乐资源和互动功能，可以让幼儿通过移动设备随时随地欣赏音乐。

（4）经典音乐：引导幼儿接触一些经典音乐作品，如贝多芬的《命运交响曲》、莫扎特的《小夜曲》等。这些作品具有丰富的音乐元素和情感表达，有助于培养幼儿的音乐欣赏能力和情感表达能力。

（5）多样化的音乐风格：让幼儿接触不同类型的音乐风格，如摇滚、爵士、民族音乐等。这样可以帮助他们拓宽音乐视野，培养其对不同音乐风格的兴趣和理解。

在选择音乐资源时，要注意幼儿的年龄和能力发展水平，确保音乐内容和表现形式对幼儿来说是可理解和适宜的。同时，可以与幼儿一起欣赏音乐，与他们分享音乐带来的乐趣和感受，将有助于加深他们对音乐的理解和喜爱。

二、创造音乐氛围

创造音乐氛围是为幼儿提供一个愉快、轻松的音乐环境，在家中播放音乐时，可以选择一些轻松、欢快的音乐，让幼儿在愉快的氛围中感受音乐的魅力。可以在特定的时间段播放音乐，如早晨起床时、午睡前或晚餐时，让他们在日常生活中感受音乐的美妙。以下是一些家中创造音乐氛围的具体方法。

（1）选择适合的音乐：选择一些轻松、欢快的音乐，如儿童歌曲、轻音乐或自然声音。避免选择过于激烈或紧张的音乐，以确保幼儿能够在愉快的氛围中感受音乐的魅力。

（2）特定时间段播放音乐：选择一些特定的时间段，在这些时间段播放音乐。例如，在早晨起床时可以播放柔和的音乐来唤醒幼儿，午睡前可以播放柔和、轻松的音乐来帮助幼儿放松入睡，晚餐时可以播放欢快的音乐来增添用餐的氛围。

（3）创建音乐背景：在家中的不同区域设置音乐播放器或音箱，如客厅、卧室或儿童房间。这样可以在不同的场景中创造音乐背景，让幼儿随时都能接触到音乐。

（4）与日常活动相结合：将音乐与日常活动结合起来，如洗澡时播放柔和的音乐、做游戏时播放欢快的音乐等。这样可以为日常活动增添乐趣，同时让幼儿在活动中感受音乐的存在。

（5）与幼儿互动：与幼儿一起聆听音乐，与他们分享音乐的快乐。可以和幼儿一起跳舞、拍手、摇摆身体等，提升他们的音乐表达能力和身体感知能力。

创造音乐氛围的关键是选择适合的音乐和时间，并与幼儿一起享受音乐。这样的音乐环境将为幼儿提供一个积极、愉快的学习和成长环境，并促进他们与音乐的互动和情感交流。

三、参与音乐活动

参与音乐活动是一种亲身体验音乐的方式，可以选择一些简单易学的乐器，如小鼓、铃铛等，与幼儿一起参与音乐活动，如唱歌、跳舞、敲打乐器等。让幼儿亲自体验音乐的创作和表达，帮助幼儿更深入地理解和感受音乐的魅力。以下是一些音乐活动建议，可以与幼儿一起参与。

（1）唱歌：与幼儿一起唱歌，选择一些简单易学的儿歌或童谣。可以通过唱歌来学习语言、节奏和音高，让幼儿在欢快的氛围中享受音乐的乐趣。

（2）跳舞：选择一些欢快的音乐，与幼儿一起跳舞。可以教幼儿一些简单的舞步，或者让他们自由发挥，随着音乐的节奏摆动身体。跳舞可以培养幼儿的节奏感和身体协调能力。

（3）敲打乐器：选择一些适合幼儿的简单乐器，如小鼓、铃铛、手鼓等。教幼儿如何使用乐器，让他们亲自参与音乐的创作和表达。可以通过敲打乐器来学习节奏、音量和音色。

（4）制作简易乐器：与幼儿一起制作一些简易乐器，如纸板吉他、水杯鼓等，同时让他们亲自参与音乐的创作和演奏。这样的活动可以培养幼儿的创造力和动手能力。

（5）音乐游戏：与幼儿一起进行一些音乐游戏，如音乐热土豆、音乐椅子等。这些游戏可以增加互动的乐趣，锻炼幼儿的音乐感知能力和反应能力。

参与音乐活动的关键是与幼儿一起互动和体验音乐，这样可以激发幼儿对音乐的兴趣和幼儿的创造力，同时促进他们的身体发育和提高他们的音乐表达能力。要为音乐活动营造轻松、愉快的氛围，让幼儿在参与中享受音乐带来的乐趣。

四、鼓励幼儿表达感受

在欣赏音乐时，与幼儿一起聆听，鼓励他们表达自己的感受和想法。可以问一些开放性的问题，如"这段音乐让你感觉怎样？"或"你喜欢哪种乐器的声音？"等，促进幼儿进行思考和表达。鼓励幼儿表达感受是培养他们音乐感受能力和表达能力的重要环节。与幼儿一

起聆听音乐并鼓励他们表达感受的具体方法有以下几种。

（1）聆听音乐：选择一些适合幼儿的音乐，与他们一起聆听。可以选择不同风格和类型的音乐，如古典音乐、民族音乐、流行音乐等，让幼儿接触到多样化的音乐。

（2）提出开放性问题：在欣赏音乐时，提出一些开放性的问题，鼓励幼儿表达自己的感受和想法。例如，可以问他们"这段音乐使我们联想到哪些画面？""这段音乐中有哪些乐器出现？"等。这样的问题可以引导幼儿进行思考和表达，让他们自由地分享自己的感受。

（3）创造安全和自信的环境：创造一个安全、自信的环境，让幼儿感到能够自由表达自己的感受。鼓励幼儿分享他们的喜好、情感和想法，无论是通过语言、绘画、舞蹈还是其他方式。

（4）提供肯定和鼓励：在幼儿表达感受时，给予肯定和鼓励。积极回应他们的表达，可以是赞美、鼓励的话语或者肢体语言，让幼儿感到被重视和支持。

（5）多样化的表达方式：鼓励幼儿使用多种表达方式来表达感受，如绘画、舞蹈、手势、声音等。不同的表达方式可以帮助幼儿更全面地表达自己的感受和想法。

通过鼓励幼儿表达感受，我们可以帮助他们发展音乐情感、培养表达能力，并建立他们与音乐的深入联系。同时，这也是增进与幼儿之间互动和沟通的重要方式。

五、创造音乐游戏

创造音乐游戏是一种有趣且有效的方式。设计一些有趣的音乐游戏，如听音辨乐器、跟唱歌曲、模仿乐器声音、音乐记忆游戏、舞动音乐等，可以增加幼儿对音乐的兴趣，培养和提升他们的音乐感知和音乐记忆能力。以下是一些有趣的音乐游戏建议。

（1）听音辨乐器：播放不同乐器的声音，让幼儿辨认出是哪种乐器，可以选择一些常见的乐器，如钢琴、小提琴、吉他等。这个游戏可以培养幼儿对不同乐器声音的辨别能力，增加他们对乐器的兴趣。

（2）跟唱歌曲：选择一些简单易学的歌曲，与幼儿一起演唱。可以先教幼儿学会歌曲的歌词和旋律，然后逐步引导他们跟着唱。这个游戏可以培养幼儿的音乐记忆能力和声音模仿能力。

（3）模仿乐器声音：播放一段乐器的声音，让幼儿模仿发出相同的声音。可以选择一些简单的乐器声音，如鼓声、钢琴音、吉他音等。这个游戏可以锻炼幼儿的声音辨别和模仿能力。

（4）音乐记忆游戏：播放一段简短的音乐，然后停下，让幼儿回忆并重复刚才听到的音乐。可以逐渐增加音乐的长度和复杂程度，挑战幼儿的音乐记忆能力。

（5）舞动音乐：选择一段欢快的音乐，与幼儿一起跳舞。可以通过改变舞蹈的节奏、速度和动作来配合音乐节奏的变化。这个游戏可以让幼儿感受音乐的节奏，学会用身体语言表

达自己的感受。

创造音乐游戏的关键是让游戏有趣,具有互动性且符合幼儿的能力水平。游戏可以结合音乐和舞蹈动作,激发幼儿的参与意愿和创造力。记得在游戏过程中给予幼儿肯定和鼓励,让他们在愉快的氛围中享受音乐游戏的乐趣。

六、观看音乐演出

观看音乐演出是一种非常有益的方式,带幼儿观看音乐演出,如儿童音乐会、音乐剧等,可以让幼儿亲身感受现场音乐表演的魅力,拓宽他们的音乐视野。带幼儿观看音乐演出通常包括以下几个部分。

(1)选择适合的演出:选择适合幼儿的音乐演出,如专门为儿童设计的音乐会、音乐剧或儿童乐团的表演。这样的演出通常会以幼儿喜闻乐见的方式呈现,更容易引起他们的兴趣和共鸣。

(2)提前准备:在观看音乐演出前,与幼儿进行简单的准备工作。可以通过音乐录音、视频或绘本等介绍演出的主题、音乐家或乐器等内容,让幼儿对演出有一定的了解和期待。

(3)保持互动:在演出过程中,与幼儿保持互动。可以向他们解释演出的内容、乐器的特点,或者鼓励他们观察、聆听和提问。这样的互动可以增加他们对音乐演出的参与感和兴趣。

(4)注意观察和反思:在演出结束后,与幼儿一起回顾看到的内容和观看感受。可以问他们印象最深的部分是什么,或者让他们分享自己的感受和想法。这样的反思有助于加深幼儿对音乐演出的理解和体验。

(5)持续培养兴趣:观看音乐演出只是培养幼儿音乐兴趣的一部分。在日常生活中,可以继续给幼儿提供接触音乐的机会,如听音乐、唱歌、玩乐器等。这样可以持续激发他们对音乐的热爱和探索。

观看音乐演出不仅可以让幼儿亲身感受音乐的魅力,还能拓宽他们的音乐视野,培养他们对音乐的兴趣和欣赏能力。记得在整个过程中与幼儿保持互动和交流,让他们积极参与并享受音乐演出的乐趣。

七、营造家庭音乐氛围

营造家庭音乐氛围是一种非常有益的方式,家庭成员可以一起唱歌、跳舞或演奏乐器,共同创造音乐的氛围。这样的家庭音乐活动可以增进亲子关系,让幼儿感受到音乐的快乐和凝聚力。以下是在家庭中营造音乐氛围的一些建议。

(1)一起唱歌:选择一些简单易学的歌曲,与家庭成员一起演唱。可以选择大家喜欢的儿歌、流行歌曲或经典歌曲。唱歌的过程中可以鼓励幼儿参与,让他们感受到音乐的快乐,增进亲子关系。

（2）跳舞和运动：选择一些欢快的音乐，与家庭成员一起跳舞和运动。可以通过改变舞蹈的节奏、速度和动作来配合音乐的变化。这样的活动不仅可以增进家庭成员之间的互动和联系，还可以让幼儿感受到音乐和身体的结合。

（3）学乐器：鼓励家庭成员学习和演奏乐器。可以选择一些简单易学的乐器，如口琴、小鼓、木琴等。家庭成员可以互相交流和分享自己的乐器演奏经验，让幼儿在家庭中接触和学习音乐。

（4）创作音乐：鼓励家庭成员一起创作音乐。可以通过编写歌曲歌词、创作简单的旋律或合奏乐器等方式，让幼儿参与到音乐创作的过程中。这样的活动可以激发幼儿的创造力和表达能力。

（5）固定的音乐时间：在家庭中设定固定的音乐时间，在这个时间段里，家庭成员一起聆听音乐、分享音乐感受或讨论音乐话题。这样的活动可以增进家庭成员之间的交流和互动，培养幼儿对音乐的兴趣和欣赏能力。

在家庭中营造音乐氛围的关键是让音乐活动成为家庭生活的一部分，并给予家庭成员足够的时间和空间去参与和享受音乐。记得要在整个过程中鼓励和支持幼儿的参与，让他们感受到音乐的快乐和家庭的温暖。

通过营造和利用音乐环境，可以培养幼儿的音乐兴趣和审美能力，促进他们的身心发育。同时，家庭音乐环境也为幼儿提供了一个积极、愉快的学习和成长环境。

第二节 家长在幼儿音乐欣赏与表现中发挥的作用

家长在幼儿音乐欣赏与表现中发挥着重要的作用。他们可以通过以下方式对幼儿音乐欣赏与表现能力发展起到积极的影响。

一、音乐形式的多样化

家长可以为幼儿提供丰富的音乐资源，如音乐 CD、乐器、音乐书籍等。这样可以让幼儿接触不同类型的音乐，丰富他们的音乐经验。提供音乐资源对幼儿音乐欣赏与表现能力的发展非常重要。以下是一些家长可以提供给幼儿的音乐资源。

（1）音乐 CD：家长可以为幼儿准备一些适合他们年龄的音乐 CD，如儿歌、儿童音乐等。这样可以让幼儿接触到不同类型的音乐，培养他们的音乐欣赏能力。

（2）乐器：家长可以为幼儿提供一些简单的乐器，如小鼓、木琴、手风琴等。这样可以让幼儿亲自体验音乐的创作过程，培养他们的音乐表现能力。

（3）音乐书籍：家长可以为幼儿准备一些音乐书籍，如儿童音乐故事书、音乐启蒙书等。这样可以通过阅读的方式，让幼儿了解音乐的基本知识和背后的故事。

（4）在线资源：家长可以利用互联网上的音乐资源，如音乐播放器、音乐视频等。这样可以让幼儿接触到更广泛的音乐类型和表演形式。

通过提供丰富的音乐资源，家长可以帮助幼儿扩展音乐视野，培养他们对音乐的兴趣和提升音乐欣赏能力。这也为幼儿提供了探索和表达自己音乐才能的机会。

二、音乐环境的多样化

家长可以创造多样化的音乐环境，让幼儿在家中感受到音乐的存在。可以播放音乐、唱歌、跳舞等，并让幼儿积极参与其中。创造多样化的音乐环境对幼儿音乐欣赏能力的发展非常有益。以下是一些家长可以采取的方法。

（1）播放音乐：在家中播放各种类型的音乐，包括儿歌、经典音乐、流行音乐等。可以选择适合幼儿年龄和兴趣的音乐，让他们在日常生活中感受到音乐的美妙。

（2）唱歌：和幼儿一起唱歌，可以是儿歌、童谣或是他们喜欢的歌曲。唱歌既能增强幼儿的音乐感知能力、发展语言能力，又能提高他们的节奏感和音准。

（3）跳舞：放上欢快的音乐，和幼儿一起跳舞。跳舞可以让幼儿感受到音乐的节奏和动感，同时发展他们的身体协调性和音乐表达能力。

（4）创造音乐时间：定期安排一些专门的时间，让幼儿自由地探索和创作音乐。可以提供简单的乐器，如手鼓、铃铛等，让幼儿自由地演奏和表达自己的音乐想法。

（5）参加音乐活动：带领幼儿参加音乐活动，如音乐会、音乐课程或者社区组织的音乐活动。这样可以让幼儿近距离接触到专业音乐表演和其他音乐爱好者，激发他们对音乐的兴趣和热爱。

通过创造多样化的音乐环境，家长可以让幼儿在日常生活中感受到音乐的存在，激发他们对音乐的兴趣和热爱。同时，积极参与音乐活动可以增进家长与幼儿之间的互动，促进他们的情感交流和亲子关系的发展。

三、鼓励表达

家长应该鼓励幼儿表达自己对音乐的感受和想法。可以鼓励他们唱歌、跳舞、演奏乐器等，提升他们的音乐表达能力。鼓励幼儿表达自己对音乐的感受和想法是非常重要的。以下是一些家长可以采取的方法来鼓励幼儿对音乐的表达。

（1）倾听和回应：当幼儿表达他们的音乐想法时，家长应该倾听并给予积极的回应。鼓励他们分享自己的感受和想法，让他们感到自己的观点被重视和认可。

（2）表演和演奏机会：给幼儿提供表演和演奏的机会，可以是在家庭聚会上，在亲友面

前，也可以是在其他适当的场合。这样可以让幼儿展示自己的音乐才能，提高他们的自信心和音乐表达能力。

（3）**组织音乐活动**：组织一些音乐活动，如家庭音乐会、音乐比赛等，让幼儿参与其中。可以鼓励他们唱歌、跳舞、演奏乐器，展示自己的音乐才华。

（4）**提供支持和鼓励**：无论幼儿的音乐表达水平如何，家长都应该给予支持和鼓励。鼓励他们尝试新的音乐形式和风格，培养他们的创造力和音乐探索精神。

（5）**尊重幼儿的选择**：尊重幼儿对音乐的喜好和选择。鼓励他们发展自己的音乐兴趣，不强迫他们追求特定的音乐风格或乐器。

通过鼓励幼儿表达自己对音乐的感受和想法，家长可以帮助他们建立自信心，提高音乐表达能力，并促进他们艺术创造力和个人的发展。

四、参与音乐活动

家长可以与幼儿一起参加音乐活动，如音乐会、音乐课程、家庭音乐会、节日庆祝活动、创意音乐活动等。参与音乐活动是增进家长与幼儿之间互动的好方法，同时也能让幼儿感受到音乐的乐趣和魅力。通过采取以下方式家长可以和幼儿一起参加音乐活动。

（1）**音乐会**：带幼儿去参加适合他们年龄的音乐会。可以选择儿童音乐会或者家庭音乐会，让幼儿近距离观赏专业音乐表演，体验音乐的魅力。

（2）**音乐课程**：报名参加适合幼儿的音乐课程，如音乐启蒙班、儿童合唱团等。这样可以让幼儿学习音乐知识和技能，并有机会与其他孩子一起合作演奏或演唱。

（3）**家庭音乐会**：定期在家中举办小型音乐会，邀请亲朋好友参加。可以让幼儿和家人一起表演乐器演奏或唱曲演唱，增进家庭成员之间的互动和音乐交流。

（4）**节日庆祝活动**：在圣诞节、感恩节等节日期间，安排一些与音乐相关的庆祝活动。可以一起唱歌、跳舞、制作乐器，或者组织音乐游戏，让幼儿在欢乐的氛围中感受音乐的乐趣。

（5）**创意音乐活动**：家长可以与幼儿一起参与创意音乐活动，如制作音乐视频、录制歌曲或者编排舞蹈。这样可以增进家长与幼儿之间的互动，共同探索音乐的创作和表达。

通过参与音乐活动，家长可以与幼儿共同体验音乐的乐趣，增进亲子关系，同时也能促进幼儿音乐欣赏能力的发展和艺术表达能力的提高。

五、尊重幼儿选择

家长应该尊重幼儿对音乐的选择和喜好。可以让幼儿自由选择自己喜欢的音乐风格和乐器，不要强迫他们去学习自己不感兴趣的音乐。尊重幼儿对音乐的选择和喜好是非常重要

的。以下是一些家长可以采取对幼儿的音乐选择表示尊重的方法。

（1）倾听和理解：家长应该耐心倾听幼儿喜爱和选择的音乐，并试着理解他们喜欢的音乐风格和乐器。尊重他们的选择，并展示对他们音乐兴趣的支持和理解。

（2）提供多样化的选择：为幼儿提供多样化的音乐选择。可以让他们尝试不同的音乐风格和乐器，让他们发现自己真正喜欢的音乐类型。这样可以帮助幼儿发展自己的音乐兴趣，并培养他们的音乐探索精神。

（3）鼓励自主学习：如果幼儿表达了对某种乐器或音乐风格的兴趣，家长可以鼓励他们开展自主学习。提供适当的资源和支持，让幼儿能够自主探索自己感兴趣的音乐领域。

（4）尊重个人发展：每个幼儿都有自己独特的音乐兴趣和才能。家长应该尊重幼儿的个人发展轨迹，不要将自己的期望强加给他们。鼓励他们发展自己的音乐风格和表达方式，培养他们的创造力和独立思考能力。

通过尊重幼儿的音乐选择和喜好，家长可以帮助他们建立自信心，提高其音乐表达能力，并促进他们个人能力的发展和艺术创造力的提升。

六、提供支持和鼓励

家长应该给予幼儿在音乐方面的支持和鼓励。可以夸奖他们的努力和进步，激发他们对音乐的热爱和自信心。给予幼儿在音乐方面的支持和鼓励是非常重要的。以下是一些家长可以采取的方法来支持和鼓励幼儿在音乐方面的能力发展。

（1）夸奖和肯定：当幼儿在音乐方面付出努力和取得进步时，家长应该给予他们肯定和夸奖，表达对他们努力和成就的赞赏，让他们感受到自己的付出得到了认可和鼓励。

（2）提供支持和资源：家长可以提供适当的支持和资源来帮助幼儿在音乐能力方面的发展，包括提供乐器、音乐书籍、音乐课程等，以满足他们的学习需求和兴趣。

（3）提供参与演出和活动的机会：给予幼儿参与演出和活动的机会，包括家庭音乐会、学校音乐比赛或社区音乐活动等，让幼儿展示自己的音乐才华，增强他们的自信心、提升表演能力。

（4）鼓励探索和创造：鼓励幼儿探索和创作自己的音乐。家长可以鼓励他们编写自己的歌曲、创作音乐作品或是表演独奏。提供一个鼓励创造性思维和自由表达的环境。

（5）共同参与音乐活动：与幼儿一起参与音乐活动，如一起唱歌、跳舞、演奏乐器等。展示对幼儿音乐兴趣的支持和参与，增进亲子关系，同时也激发幼儿对音乐的热爱和自信心。

通过给予幼儿在音乐方面的支持和鼓励，家长可以帮助他们建立积极的音乐态度，提升自信心和自我表达能力，并促进他们在音乐领域的成长和发展。

总之，家长在幼儿音乐欣赏与表现中的作用是引导、支持和鼓励。通过积极地参与和提供适当的资源，家长可以帮助幼儿培养音乐兴趣，促进他们音乐欣赏能力的发展。

第三节　家庭音乐活动的组织与指导

幼儿音乐欣赏是培养幼儿音乐兴趣和审美能力的重要活动之一。在家庭中组织并指导幼儿进行音乐欣赏可以通过以下几个步骤进行。

一、选择适合的音乐

根据幼儿的年龄和兴趣，选择适合的音乐作品。可以选择一些简单、节奏明快、旋律优美的儿童歌曲或经典音乐作品。根据幼儿的年龄和兴趣选择适合的音乐作品非常重要。以下是一些建议。

（1）幼儿歌曲：对于较小的幼儿，可以选择一些节奏明快、旋律简单易记的幼儿歌曲。这些歌曲通常包含重复的词句和简单的动作，适合幼儿跟着演唱和舞动，如《小星星》《小兔子乖乖》《扭扭转转小星星》等。

（2）经典儿童音乐：对于稍大一些的幼儿，可以选择一些经典的儿童音乐作品。这些作品通常具有优美的旋律和简单易懂的歌词，能够吸引幼儿的注意力并激发他们的想象力，如《彩虹下面》《小毛驴》《春天在哪里》等。

（3）不同国家的音乐：给幼儿介绍一些来自不同国家或地区的音乐作品也是一个好的选择。这样可以帮助他们了解不同的音乐文化，并培养他们的跨文化意识。例如，可以选择一些拉丁音乐、非洲鼓乐或亚洲国家的传统音乐等。

（4）经典音乐：对于稍大一些的幼儿，还可以尝试引入一些经典音乐作品。这些作品通常具有丰富的乐器编曲和复杂的旋律结构，可以帮助幼儿培养音乐鉴赏能力。例如，可以选择一些莫扎特、贝多芬或巴赫的音乐作品。

在选择音乐作品时，要根据幼儿的年龄和兴趣进行适当的调整。同时，也可以让幼儿参与音乐选择的过程，让他们获得参与感和投入感。这样可以更好地满足幼儿的需求，提高他们对音乐的兴趣和音乐欣赏能力。

二、创建音乐氛围

在家庭中营造一个专注于音乐欣赏的环境，有助于增强幼儿的音乐体验，帮助他们在欣赏过程中集中注意力。可以采取以下方式来营造这样的环境。

（1）屏闭其他噪声源：在欣赏音乐的时候，应关闭电视、收音机或其他可能产生噪声的设备。确保音乐能够清晰地传达给幼儿，让他们能够完全投入到音乐中。

（2）调暗灯光：通过调暗灯光可以创造一个放松的氛围，让幼儿感到更加舒适。可以使用柔和的灯光或小夜灯来照明，避免过亮的光线给幼儿带来视觉刺激。

（3）创建舒适的音乐空间：在家中选择一个安静、舒适的空间来进行音乐欣赏活动。可以在客厅、卧室或专门的音乐室设置一个小角落，摆放一些舒适的坐垫或靠垫，让幼儿感到舒适和放松。

（4）消除干扰：确保进行音乐欣赏活动时没有其他干扰因素。例如，关闭手机或将其调至静音模式，避免电话或消息的打扰；提醒家庭成员保持安静，以避免打扰幼儿的音乐体验。

（5）创造音乐氛围：在音乐欣赏活动之前，可以播放一些轻柔的背景音乐来创造音乐氛围。可选择一些轻音乐或自然音效，如流水声、鸟鸣声等，让幼儿在进入音乐欣赏状态之前感受到音乐的存在。

通过以上的方法，可以帮助幼儿更好地专注于音乐欣赏，提高他们对音乐的感知和体验。同时，创造一个专注于音乐欣赏的环境也有助于营造一个愉快且放松的氛围，让幼儿能更好地享受音乐的乐趣。

三、聆听音乐

与幼儿一起聆听音乐作品。可以选择一首歌曲或一段音乐，让幼儿闭上眼睛，专心地聆听。可以引导幼儿注意音乐中的节奏、旋律、乐器声音等要素。给幼儿介绍一些来自不同国家或地区的音乐作品是一种非常有益的做法，可以帮助他们了解和欣赏不同的音乐文化，同时培养他们的跨文化意识和开阔的视野。以下是一些来自不同国家或地区的音乐作品的例子。

（1）拉丁音乐。拉丁美洲的音乐作品很有特点，可以介绍一些拉丁音乐，如萨尔萨、桑巴、雷鬼等。例如，巴西的桑巴舞曲《巴西热情》、古巴的萨尔萨舞曲《萨尔萨热舞》等。

（2）非洲音乐。非洲大陆拥有丰富多样的音乐文化，可以介绍一些非洲音乐作品，如非洲鼓乐、民族音乐等。西非的马里音乐家阿马德·萨拉的作品《阿法利》、南非的狩猎舞曲《狮子睡了》等都是很好的选择。

（3）亚洲音乐。亚洲各国也有其独特的音乐风格和传统乐器。可以介绍一些有代表性的亚洲音乐作品，如中国的古琴曲、印度的古典音乐等。中国的古琴曲《阳春白雪》、印度的古典音乐《拉格》等都是此类佳作。

（4）欧洲音乐。欧洲有着深厚的古典音乐传统，可以介绍一些欧洲的音乐作品，如贝多芬、莫扎特等作曲家的作品。具有代表性的作品有贝多芬《命运交响曲》、莫扎特的《第40号交响曲》等。

在介绍这些音乐作品时，可以通过播放音乐、观看音乐视频或介绍音乐背景等方式帮助幼儿更好地了解和欣赏。同时，可以与幼儿一起讨论音乐的特点、文化背景和表达方式，培养他们对不同音乐文化的兴趣和理解。这样可以拓宽幼儿的音乐视野，培养他们的跨文化意识和尊重不同文化的意识。

四、表达感受

鼓励幼儿表达对音乐的感受和想法，可以问一些开放性的问题，如"你觉得这段音乐是快乐的还是悲伤的？""你喜欢这段音乐的哪个部分？"这种方式可以帮助幼儿用语言描述自己的感受。鼓励幼儿表达对音乐的感受和想法可以促进他们的情感表达和思维发展。以下是一些开放性的问题，可以用来引导幼儿表达对音乐的感受和想法。

（1）这段音乐让你感觉如何？它给你带来了什么样的情绪或情感？

（2）这段音乐的节奏和旋律有什么特别之处？你喜欢吗？为什么？

（3）这段音乐有没有让你想到一些画面或故事？你可以描述一下吗？

（4）这段音乐中的声音由哪些乐器发出？你最喜欢哪个乐器的声音？为什么？

（5）这段音乐和你以前听过的音乐有什么不同？你觉得它有什么特别之处？

（6）如果你可以用一句话来形容这首音乐，你会怎么说？

（7）这段音乐让你想到了哪些事情或场景？你可以分享一下吗？

（8）如果你可以给这段音乐起一个名字，你会叫它什么？

通过问这些开放性的问题，可以激发幼儿的想象力，提高他们的表达能力，能让他们更深入地思考和感受音乐。同时，也可以促进与幼儿的互动和交流，了解他们对音乐的独特理解和观点。记得给幼儿充分的时间来思考和回答问题，鼓励他们用自己的语言和方式来表达，这样可以培养幼儿的音乐鉴赏能力和自信心。

五、参与互动

与幼儿一起参与音乐活动时，可以鼓励幼儿跟着音乐的节奏拍手、跳舞或唱歌，也可以提供一些简单的乐器，让幼儿尝试演奏一些简单的音符。与幼儿一起参与音乐活动可以增强他们对音乐的亲近感和参与感，同时促进他们身体协调能力的发展，提升他们的音乐表达能力。以下是一些可以与幼儿一起进行的音乐活动。

（1）跟着节奏拍手：播放有明显节奏的音乐，鼓励幼儿跟着节奏拍手。可以逐渐增加节奏的速度和复杂度，让幼儿感受到音乐的节奏变化。

（2）跳舞：选择欢快的音乐，鼓励幼儿跟着音乐的节奏舞动身体。可以引导他们尝试不同的舞步和动作，让他们发挥自己的创造力和想象力。

（3）唱歌：一起演唱一些简单的儿歌或幼儿歌曲。可以选择一些熟悉的歌曲，鼓励幼儿跟着歌曲的旋律和歌词一起唱。也可以尝试一些简单的音乐游戏，如"模仿唱"或"回声唱"。

（4）演奏乐器：提供一些简单的乐器，如小鼓、手摇铃、木琴等，让幼儿尝试演奏一些简单的音符。可以教他们如何敲击、摇动或弹奏乐器，让他们感受到音乐的节奏和乐器的声音。

在进行这些音乐活动时，重要的是要给予幼儿充分的自由和鼓励，让他们尽情地表达自

单元六　家庭音乐教育资源

己。同时，也要考虑幼儿的年龄和能力水平，选择适合他们的音乐活动。这样可以让幼儿在享受音乐乐趣的同时，培养他们的音乐兴趣和表达能力。

六、音乐创作

鼓励幼儿创作自己的音乐。可以提供一些简单的乐器或打击乐器，让幼儿尝试演奏一些简单的旋律或节奏。也可以鼓励幼儿编写自己的歌曲或故事，并与家人分享。通过鼓励幼儿创作自己的音乐，可以培养他们的创造力、想象力和音乐表达能力。以下是一些可以帮助幼儿创作自己的音乐的方法。

（1）提供简单的乐器：为幼儿提供一些简单的乐器，如木琴、手摇铃、小鼓等。鼓励他们探索不同乐器的声音和演奏方式，尝试演奏一些简单的旋律或节奏。

（2）创作简单的旋律或节奏：鼓励幼儿尝试创作自己的简单旋律或节奏。可以给他们一些音符卡片或节奏卡片，让他们组合出自己喜欢的音乐片段。

（3）编写歌曲或故事：鼓励幼儿编写自己的歌曲或故事，并与家人分享。可以给他们一些启发，如提供一些关键词或主题，或者引导他们通过绘画或文字来表达自己的想法。

（4）设计音乐游戏：设计一些音乐游戏，鼓励幼儿参与音乐创作。例如，让幼儿轮流演奏一段简短的旋律，或者通过模仿和回声的方式创作出有趣的音乐作品。

（5）鼓励即兴演奏：给幼儿提供一段简单的伴奏或节奏，鼓励他们进行即兴演奏。可以鼓励他们尝试不同的音符、节奏和表达方式，发挥自己的创造力。

在鼓励幼儿创作音乐时，要给予他们充分的自由和鼓励，不要限制他们的想象力和表达方式。同时，也要提供支持和指导，帮助他们发展自身的音乐技能和表达能力。最重要的是，鼓励幼儿享受音乐创作的过程，让他们体验到创作的乐趣和成就感。

七、多样化的音乐体验

引导幼儿接触不同类型的音乐。可以选择不同国家或地区的音乐，让幼儿了解不同的音乐文化，也可以带幼儿欣赏音乐会、参观音乐展览或观看音乐剧等，让幼儿亲身体验音乐的魅力。引导幼儿接触不同类型的音乐可以帮助他们开阔视野、培养跨文化理解和欣赏多样化音乐的能力。以下是一些方法可以帮助幼儿接触不同类型的音乐。

（1）选择不同国家或地区的音乐：为幼儿播放来自不同国家或地区的音乐，让他们了解不同的音乐文化。可以选择一些具有代表性的音乐作品，如民族音乐、传统音乐或当地流行音乐。可以通过音乐播放器、音乐 APP 或视频分享平台来让幼儿欣赏这些音乐。

（2）参加音乐活动：带幼儿参加音乐会、音乐展览或音乐剧等活动，让他们亲身体验音乐的魅力。可以选择适合幼儿的音乐活动，如儿童音乐会或音乐剧表演。这样可以让幼儿近距离观看音乐演出，感受现场的音乐表演氛围。

（3）使用多媒体资源：利用多媒体资源，如音乐视频、音乐书籍或音乐 APP，让幼儿了解不同类型的音乐。可以选择一些针对幼儿的音乐教育资源，如音乐故事书、音乐游戏或音乐学习应用程序。

（4）鼓励幼儿表达感受：在幼儿接触不同类型的音乐后，鼓励他们表达自己的感受和想法。可以询问他们对音乐的喜好、感受或联想，让他们用自己的语言描述音乐给他们带来的感觉。

通过引导幼儿接触不同类型的音乐，可以帮助他们发展音乐欣赏能力和跨文化音乐意识。同时，也可以培养他们对文化多样性的尊重和理解，促进他们的跨文化交流和学习。

在家庭中组织和指导幼儿进行音乐欣赏活动时，要注重提升幼儿的兴趣和参与度。尽量创造轻松、愉快的氛围，让幼儿通过音乐欣赏活动享受音乐的乐趣，培养他们的音乐素养和审美能力。

第四节 家园共育在音乐欣赏与表现中的实践

家园共育是指家庭和幼儿园或学校紧密合作、共同育人的一种教育理念和实践方式。在幼儿音乐欣赏与表现中，家园共育起到重要的作用。下面是一些家园共育在幼儿音乐欣赏与表现中的具体实践方法。

一、家庭音乐环境的营造

家长可以在家中创造一个丰富的音乐环境，如播放一些优质的音乐，让幼儿在日常生活中接触到不同类型的音乐，以培养他们的音乐欣赏能力。家庭音乐环境的营造对于幼儿音乐欣赏能力的培养非常重要。以下是一些建议，帮助家长在家中营造一个丰富的音乐环境。

（1）选择优质的音乐：家长可以选择一些高质量的音乐作品，包括古典音乐、民族音乐、流行音乐等不同类型的音乐。可以选择一些专门为幼儿设计的音乐，也可以选择经典的音乐作品。确保音乐的内容和质量符合幼儿的年龄和发展水平。

（2）定期播放音乐：在家中定期播放音乐，可以选择一些固定的时间段，如早晨、晚餐时或睡前。让幼儿在日常生活中接触到音乐，使音乐成为他们生活的一部分。

（3）创造音乐氛围：在播放音乐的同时，可以创造一个舒适的音乐环境，如调暗灯光、点燃香薰或蜡烛，让幼儿感受到音乐的氛围。这样可以促进幼儿对音乐的感受和欣赏。

（4）鼓励幼儿参与：除了播放音乐，家长还可以鼓励幼儿参与音乐活动。可以邀请他们一起唱歌、跳舞或演奏简单的乐器。这样可以培养幼儿的音乐表现能力和创造力。

（5）提供多样化的音乐体验：除了在家中播放音乐，家长还可以带幼儿欣赏音乐会、参观

音乐展览或观看音乐剧等。这样既可以让幼儿亲身体验到不同形式的音乐表演，又拓宽了他们的音乐视野。

通过创造一个丰富的家庭音乐环境，家长可以帮助幼儿接触到不同类型的音乐，培养他们的音乐欣赏能力和审美情趣。同时，家庭音乐环境的营造也可以增进家庭成员之间的亲子关系，促进幼儿的全面发展。

二、家庭音乐活动的开展

家长可以和幼儿一起参加一些音乐活动，如一起唱歌、跳舞、演奏乐器等。这样可以增进亲子关系，同时也可以培养幼儿的音乐表现能力。家长和幼儿一起参加音乐活动是一种非常有效的家园共育实践。以下是一些具体的建议。

（1）一起唱歌：选择一些简单易唱的歌曲，和幼儿一起唱歌。可以选择一些儿歌、童谣或流行歌曲，要根据孩子的年龄和兴趣进行选择。唱歌不仅可以培养幼儿的音乐表现能力，还可以增进亲子之间的情感交流。

（2）一起跳舞：选择一些欢快的音乐，和幼儿一起跳舞。可以通过跳舞来感受音乐的节奏和情感，提高幼儿的音乐感知能力和身体协调能力。还可以尝试一些简单的舞步，或者自由舞动，让幼儿展现自己的创造力。

（3）一起演奏乐器：家中可以购置一些简单的乐器，如口琴、手鼓、小木琴等，教幼儿简单的乐器演奏方法，和幼儿一起演奏乐器。这样可以培养幼儿的音乐表现能力和音乐创造力。

（4）参加音乐课程：家长可以陪同幼儿参加音乐课程，如音乐游戏班、合唱团、乐器学习班等。这样可以让幼儿在专业的音乐教学环境中学习音乐，同时也可以与其他幼儿一起分享音乐的乐趣，增强社交能力。

（5）设计音乐活动：家长可以与幼儿一起设计一些音乐活动，如家庭音乐会、小型音乐剧等，也可以邀请亲友参与，共同享受音乐的乐趣。这样可以培养幼儿的音乐表现能力和创造力，同时增进家庭成员之间的互动和合作。

通过与幼儿一起参加音乐活动，家长不仅可以增进亲子关系，还可以培养幼儿的音乐表现能力和创造力。这种亲子共同参与的音乐活动可以让幼儿感受到家庭的温暖和支持，促进他们的全面发展。

三、家长的榜样作用

作为孩子的榜样，家长的积极参与以及对自己音乐兴趣和才能的展示可以激发幼儿对音乐的兴趣，让他们更加主动地参与到音乐活动中。以下是一些具体的建议。

（1）展示音乐兴趣：家长可以向幼儿展示自己对音乐的兴趣，例如在家中演奏乐器、唱歌或跳舞。这样可以让幼儿感受到音乐的乐趣和魅力，激发他们对音乐的兴趣。

（2）参与音乐活动：家长可以积极参与幼儿的音乐活动，如学校的音乐演出、社区的音乐活动等。还可以陪同孩子参加合唱团、乐器学习班或音乐比赛等。这样可以让幼儿感受到家长对幼儿音乐兴趣的支持和鼓励，激发他们对音乐的热情。

（3）与幼儿一起学习音乐：如果家长有音乐知识或技能，可以与幼儿一起学习音乐。可以教幼儿一些基本的音乐知识、乐器演奏技巧或唱歌技巧。这样可以增进亲子之间的互动和交流，同时也可以培养幼儿的音乐能力。

（4）创造音乐时光：家长可以和幼儿一起创造一些专属的音乐时光，也可以定期安排一些家庭音乐会，让家庭成员一起表演或演奏音乐，还可以鼓励幼儿在家中创作音乐，分享自己的作品。这样可以培养幼儿的音乐创造力和表现能力。

（5）与幼儿共同欣赏音乐：家长可以与幼儿一起欣赏音乐，分享自己喜爱的音乐作品。也可以一起聆听音乐，讨论音乐的特点和情感表达。这样可以增进亲子之间的情感交流，培养幼儿的音乐欣赏能力。

通过成为幼儿的音乐榜样，家长在激发幼儿对音乐的兴趣和热情的同时，也能让他们更加主动地参与音乐活动。家长的积极参与和支持可以对幼儿音乐素养的提升及综合能力的发展产生积极的影响。

四、家园合作的音乐活动

幼儿园或学校可以组织一些家庭参与的音乐活动，如音乐会、合唱比赛等。家长可以与幼儿一起参与这些活动，与其他家庭共同交流和分享音乐经验。幼儿园或学校组织家庭参与的音乐活动是一种非常有效的家园共育实践，可以增进家庭和幼儿园或学校的联系，同时也为家长和幼儿提供了一个交流和分享音乐经验的机会。以下是一些常见的家庭参与音乐活动的形式。

（1）音乐会：幼儿园或学校可以组织音乐会，邀请家长和幼儿一起观看演出。演出可以包括幼儿的合唱、乐器演奏、舞蹈等。家长可以与幼儿一起欣赏音乐，共同感受音乐的魅力。

（2）合唱比赛：幼儿园或学校可以组织合唱比赛，邀请幼儿与家长参加。家长可以与幼儿一起组成家庭合唱团队参加比赛。这样可以增进家庭成员之间的互动和合作，同时也能培养幼儿的音乐表现能力。

（3）音乐工作坊：幼儿园或学校可以邀请音乐专业人士或艺术家来组织音乐工作坊，家长和幼儿可以一起参加。工作坊可以包括音乐表演、音乐创作、音乐欣赏等内容。家长和幼儿可以一起学习和体验音乐，共同提升音乐素养。

（4）家庭音乐节：幼儿园或学校可以组织家庭音乐节，邀请幼儿的家庭成员参与。受邀家庭也可以准备自己的音乐表演，与其他家庭一起分享音乐经验。这样可以增进家庭与家庭之间的联系，同时也为幼儿提供了更多展示自己音乐才能的机会。

通过幼儿园或学校组织幼儿的家庭成员参与音乐活动，家长和幼儿可以与其他家庭共同

单元六　家庭音乐教育资源

交流和分享音乐经验，增进家庭和幼儿园或学校之间的联系。这种家园共育的实践可以促进幼儿的音乐素养和综合能力的全面发展，同时也为家庭提供了一个共同参与音乐活动的机会。

五、家庭音乐教育资源的共享

家长可以与其他家庭共享音乐教育资源，如音乐书籍、音乐CD、乐器等。这样可以丰富幼儿的音乐学习资源，促进他们的音乐欣赏与表现能力的发展。以下是一些具体的建议。

（1）音乐书籍：家长可以与其他家庭共享音乐书籍，如音乐故事书、音乐启蒙书等。可以组织书籍交流活动，让幼儿互相借阅和分享自己喜欢的音乐书籍。这样可以扩展幼儿的音乐知识面，提高其阅读能力。

（2）音乐CD和录音：家长可以与其他家庭共享音乐CD和录音，包括经典音乐作品、儿童音乐专辑等。可以互相借阅和交流，让幼儿接触到更多不同类型的音乐。这样可以提升幼儿的音乐欣赏能力和对不同音乐风格的理解。

（3）乐器：家长可以与其他家庭共享乐器，例如，轮流借用乐器，让幼儿有机会接触和学习不同的乐器。可以组织家庭间的乐器演奏经验交流活动，让幼儿演奏和分享自己的乐器技巧。这样可以深化幼儿的音乐体验，提升其乐器演奏技能。

（4）音乐活动资源：家长可以与其他家庭共享音乐活动资源，如音乐游戏、音乐活动手册等。还可以组织音乐交流活动，让幼儿一起参与并分享音乐活动的乐趣。这样能有效激发幼儿的音乐创造力，提高其音乐表现能力。

通过与其他家庭共享音乐教育资源，家长可以丰富幼儿的音乐学习资源，为他们提供更多的音乐体验和学习机会。这种合作与分享的方式可以促进家庭和社区之间的联系，同时也为幼儿音乐欣赏水平的提高与表现能力的发展提供了更多的支持和机会。

总之，家园共育在幼儿音乐欣赏与表现中的实践可以通过营造音乐环境、开展音乐活动、展示榜样作用、组织家园合作音乐活动以及共享音乐教育资源等方式，促进幼儿音乐素养和综合能力的全面发展。

案例分享

李先生家是一个由音乐热爱者组成的家庭，李先生和李太太以及两个孩子小明和小红都对音乐有着浓厚的兴趣。他们决定组织一个家庭音乐活动，展示他们的音乐才华并与亲朋好友分享音乐的乐趣。

步骤一：商讨目标

全家人坐在一起商讨他们家庭音乐活动的目标。他们希望通过这个活动展示家庭成员的音乐才华，增进彼此之间的合作与团结，并与观众分享音乐的快乐。

步骤二：选择曲目

家庭成员一起讨论并选择了一些适合他们的曲目。考虑到每个人的音乐水平和兴趣，他们选择了一些简单的曲目，以便全家人都能参与其中。他们还决定添加一些个人喜欢的曲目，以展示每个人的独特风格。

步骤三：制订练习计划

为了准备家庭音乐活动，他们制订了一个练习计划。决定每天晚上都花一些时间进行集体练习，同时每个人也要腾出时间练习自己的乐器或歌唱技巧。他们设定了一个共同的目标，即在活动前一周达到演出水平。

步骤四：分工合作

为了让音乐活动进行得更加顺利，家庭成员决定分工合作。李先生负责钢琴伴奏，李太太负责指导小红的歌唱，小明负责演奏小提琴。他们还决定每个人在演出中都要表演一个独奏曲目，以展示个人的才华。

步骤五：进行多样性探索

为了增加音乐活动的多样性，他们决定尝试不同的音乐风格和曲目。他们选择了一些古典音乐、流行音乐和民族音乐的曲目，以展示不同的音乐风格和文化。

步骤六：演出准备

在练习期间，全家人一起为了演出做准备。他们互相支持和鼓励，共同克服困难，并不断提高自己的演奏和表演技巧。他们还邀请了一些亲戚和朋友作为观众，以便在演出前得到有效的反馈和鼓励。

最终，李家成功举办了一场家庭音乐会。他们在家里布置了一个小舞台，并邀请观众前来欣赏他们的表演。全家人以精彩的表演展示了他们的音乐才华，并与观众分享了音乐的乐趣。这个家庭音乐活动不仅加深了家庭成员之间的情感，还让他们感受到了音乐的魅力和快乐。

通过这个案例，我们可以看到家庭音乐活动的组织与指导需要全家人的共同努力和合作。商讨目标、选择曲目、制订练习计划、分工合作、进行多样性探索以及做好演出准备都是取得活动成功的关键步骤。这样的活动不仅可以展示家庭成员的音乐才华，还可以加强家庭的凝聚力，并与观众分享音乐的乐趣。

小贴士

活动时间不宜过长；活动量不要过大；活动中要注意安全，小心不必要的磕碰；音乐应选取所有成员都熟悉的。

 拓展延伸

家庭音乐教育故事

家庭音乐教育是许多家庭自我教育的一部分，能够在亲子关系中增进感情，同时培

养孩子的音乐素养。以下是一个关于家庭音乐教育的故事。

在一个温暖的小镇上,住着一位名叫李华的年轻母亲。她非常热爱音乐,从小就学习钢琴,并梦想能把这份热爱传递给自己的孩子。

李华的儿子小明今年五岁,活泼好动,常常对周围的事物充满好奇。李华决定从小培养小明的音乐兴趣,于是开始在家中进行音乐教育。

每个周末,李华都会带着小明一起做"音乐游戏"。她会用家中的乐器,如钢琴、吉他和打击乐器,与小明一起玩。她还会播放各种风格的音乐,从古典音乐到流行音乐,让小明感受到音乐的多样性。

有一天,李华决定让小明参加一个特别的活动——家庭音乐会。她邀请了亲友,准备在家中举办一场小型的音乐演出。为了准备演出,小明和母亲一起挑选了几首简单的曲目。小明选择了他最喜欢的《小星星》,而李华则准备弹奏一些古典乐曲。

在演出那天,他们精心布置了客厅,墙上挂满了乐器和小明的画作。小明在观众面前有些紧张,但在母亲适时的鼓励下,他逐渐放松下来。当他开始演唱《小星星》时,观众们都被他稚嫩的声音和充满童真的表演所打动。李华在旁边伴奏,脸上露出骄傲的笑容。

演出结束后,亲朋好友们热情地为小明鼓掌,李华感到无比欣慰。这个经历不仅让小明体会到了音乐的快乐,也增进了母子之间的情感。

在接下来的日子里,小明对音乐的兴趣愈发浓厚,他开始主动要求学习更多的乐器。李华也意识到家庭音乐教育的力量,更加投入其中。他们开始一起参加音乐活动,甚至一起创作简单的旋律。

这个故事告诉我们,家庭音乐教育不仅能让孩子在音乐中找到乐趣,也能在亲子沟通和情感交流中产生深远的影响。通过音乐,李华与小明共同构建了一个充满爱的童年记忆。

巩固训练

一、简述题

1. 在家中应怎样营造和利用音乐环境?
2. 应怎样营造家庭和幼儿园的音乐氛围?
3. 有哪些方法可以与幼儿一起参与音乐活动?

二、实训练习

设计一个能够让家长和幼儿一起参与的音乐游戏,增加家长和幼儿的互动和合作。

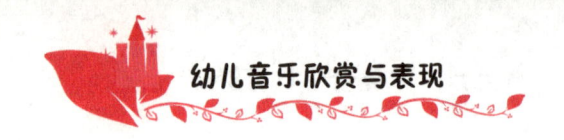

参考文献

［1］王宏建．艺术概论［M］．北京：文化艺术出版社，2010．
［2］李漫．幼儿园音乐教育活动新设计［M］．南京：南京师范大学出版社，2008．
［3］许卓娅．学前儿童艺术教育［M］．上海：华东师范大学出版社，2008．
［4］刘昕．学前儿童艺术教育与活动指导［M］．北京：教育科学出版社，2020．
［5］芭巴拉·荷伯豪斯，李·汉森．儿童早期艺术创造性教育［M］．邓琪颖，译．南宁：广西美术出版社，2009．
［6］王翠莉，朱巧玲，李宝梅．学前儿童艺术教育［M］．北京：北京邮电大学出版社，2012．
［7］李剑萍，魏薇．教育学导论［M］．北京：人民出版社，2006．
［8］张琳．幼儿园教育活动设计与实践［M］．北京：高等教育出版社，2010．
［9］高华，许鸿．幼儿艺术教育综合性的实践研究［D］．长春：东北师范大学，2005．